北京文化通志

中轴线卷

王建伟 著

北京出版集团
北京出版社

图书在版编目（CIP）数据

北京文化通志. 中轴线卷 / 王建伟著. — 北京：北京出版社，2025.4
ISBN 978-7-200-18598-0

Ⅰ．①北… Ⅱ．①王… Ⅲ．①北京—地方史 Ⅳ．①K291

中国国家版本馆 CIP 数据核字（2024）第 038673 号

北京文化通志·中轴线卷
BEIJING WENHUA TONGZHI·ZHONGZHOUXIAN JUAN

王建伟　著

*

北　京　出　版　集　团　出版
北　京　出　版　社
（北京北三环中路 6 号）
邮政编码：100120

网　　址：www.bph.com.cn
北 京 出 版 集 团 总 发 行
新　华　书　店　经　销
北京华联印刷有限公司印刷

*

880 毫米 ×1230 毫米　　32 开本　　9.5 印张　　208 千字
2025 年 4 月第 1 版　　2025 年 4 月第 1 次印刷
ISBN 978-7-200-18598-0
定价：79.00 元
如有印装质量问题，由本社负责调换
质量监督电话：010-58572393
编辑部电话：010-58572414；发行部电话：010-58572371

目　录

序　言 / 001

钟鼓楼 / 029

万宁桥 / 049

地安门 / 060

景　山 / 069

紫禁城 / 084

天安门广场 / 139

社稷坛 / 164

太　庙 / 182

正阳门 / 197

天　坛 / 224

先农坛 / 243

永定门 / 264

中轴线申遗，需要讲好传统中国的三种故事（代后记）/ 280

序　言

北京中轴线肇始于元，发展和完善于明、清，是中国古老都城规划设计思想的"无比杰作"。北京中轴线纵贯南北、左右对称，包括北京鼓楼、钟楼、地安门外大街、万宁桥、地安门内大街、景山、故宫、太庙、社稷坛、天安门、天安门广场建筑群、正阳门、前门大街、天桥南大街、天坛、先农坛、永定门御道遗存、永定门等。北京中轴线不仅是空间之轴，也是时间之轴、文明之轴，贯通历史与当代，指向未来。它不仅是彰显五千多年中华文明演进轨迹的活态标本，更是中华文明源远流长的伟大见证。

一

在中国都城建设史上，早在商周时期就已经出现将一系列宫殿建筑有意识地安排在前后一致的一条轴线之上，以彰显皇权的庄严肃穆和伦理秩序。此后，这一空间布局风格逐步演变为表达都城礼制的重要规划设计手法。先秦时期的都城，或整体，或局部，或单体建筑已不同程度地形成了中轴线布局。西汉晚期,长安城已形成都城整体的中轴线。自西汉长安城以至汉魏洛阳城,由于多是在原有旧城的基础上改造而成,受到种种限制而不能不有所迁就。自曹魏规划邺城开始,宫城规划出现了明显的沿轴线布局宫殿的设计手法,为以后历代都城所延续。古代都城中轴线真正实现"居中"的,是隋大兴城与唐长安城,此后一直延续至明、清北京城。至此,中轴对称的空间布局达到了极致。

早在金中都时期,北京就已经出现了一条城市轴线,但这并非我们今天所熟知的中轴线。元大都时期,北京城址迁移,一条纵贯南北的中轴线逐渐浮现。此后历经明、清,这条中轴线逐渐成形并不断完善。需要说明的是,中国历史文献中并没有"中轴线"的相关记载。在很长的一段历史时期内,北京城内虽有中轴线之实,却无中轴线之名。这一概念的提出是比较晚近之事。20世纪30—40年代,以乐嘉藻和梁思成为代表的一批学者从历史与建筑文化的角度出发,提炼出"中轴线"概念并将其发扬光大,如乐嘉藻提出的"中干之严立与左右之对称"。1932年,梁思成在《我们所知道的唐代佛寺与宫殿》一文中,运用"中轴线"概念描述中国古建筑中的院落组合,并强调中轴线多为南北向布置,主要建筑排列其上,左右以次要建筑对称均齐地配置。侯仁之在其利物浦大学博士论文《北平历史地理》(*An Historical Geography of Peiping*)中,明确讨论了北京城中轴线的产生与延续,并将中轴线置于一个庞大的时空关系中进行考察。从这个角度说,不应把中轴线仅仅理解为一条孤立的轴线,而应将其视为一种意蕴丰富、呈现出带状分布的文化系统。

新中国成立后,在梁思成、侯仁之等人的努力推动下,中轴线作为北京城市空间之轴的地位进一步被确立,不仅具有文化遗产价值,而且对于20世纪后期首都的城市规划发挥了重要的统领作用。

不过从更长的时间维度来看,近代以来北京城市空间中的中轴线概念逐步明晰,也是数百年来北京作为都城,其背后的政治、历史、文化等各项因素综合推动的结果。最初,金中都是在辽南京城的基础上向西、南、东三面扩充而成。金天德二年(1150),海陵王完颜亮征调天下民夫、工匠营建燕京。在此之前,他已派遣画工到北宋故都开封,绘制那里的宫室制度和建筑布局。金天德五年(1153)四月,海陵王诏告天下:大金都城正式由会宁迁往燕京(初名圣都,不久改称中都),改元贞元。从幽州城、辽南京到金中都,北京的城市性质发生了明显变化,由一个军事重镇演变成一座都城。这标志着北京第一次成为王朝的首都,是北京城市发展史上的里程碑。金中都城市布局深受北宋汴梁城影响,不仅"制度如汴",甚至金中都的部分建筑材料也直接来源于汴梁。

金中都中轴线同样沿袭北宋汴梁城的风格,实现了对中国古代都城中轴线的继承。在中国古都发展进程中，关于都城规划出现过不同模式。但至北宋时，都城中轴线模式已经比较完善。金中都深受北宋都城结构的影响，在营建之初，就依中轴线建造了由内向外的三重城垣（宫城、皇城、外城）。金中都的中轴线南起丰宜门（今丰台区西铁匠营附近），经皇城宣阳门、宫城应天门、大安殿出拱辰门，再一直向北直达通玄门（今白云观东北方、真武庙之南），并规划出南宫、北市的"前朝后市"格局。金朝对北宋都城中轴线的继承，也是对中国传统都城文化的全面继承，恰恰体现出历史上中华民族多元一体格局形成与完善的动态过程。

从西周蓟城、汉唐幽州到辽南京、金中都，前后相继的城垣虽有拓展，城市选址却基本不变。至元大都时期，北京第一次成为大一统王朝的政治中心，其城址也发生了明显变化，这是北京城市发展史上具有深远影响的重大转折。元大都以积水潭东北岸的一点为中心，由该点向南形成中轴线，确立了宫城的位置。从元大都奠定基础开始，北京城前后起伏、左右对称的体形或空间的分配都以中轴线为依据形成。元、明、清三朝，北京中轴线的创立、发展与强化，以及它对三千年前周代都城秩序的尊重，都清晰地表达了中华文明的延续性。

成吉思汗十年（1215），蒙古军队攻占金中都，改称燕京。蒙古中统元年（1260），忽必烈进驻金中都，住在东北郊万宁宫的琼华岛（今北海公园和中海）。万宁宫风景宜人，给忽必烈留下了深刻印象。鉴于中都城内的宫殿已被蒙古军队破坏，西湖（莲花池）水系作为都城水源也难以为继，忽必烈作出了放弃中都旧城，以万宁宫为中心修筑皇城的重大决策。

中统五年（1264），忽必烈改元至元，同年改燕京为中都，在此建都。至元四年（1267），他又放弃中都城，决定在其东北郊另选新址建城。忽必烈命刘秉忠修建宗庙宫室，开始了新都的兴建工作。至元八年（1271），刘秉忠奏建国号曰大元，次年改中都为大都。元大都是宋代以后唯一平地起建，同时又是中国古代首座非汉族统治者修建的大一统王朝的都城，也是中国大一统王朝中首次建都于黄河以北且靠近游牧地区的都城。

确立都城，不可能囿于一池一地，须着眼于天下而规划。《元史·列传第六》记载，忽必烈未南下时，蒙古贵族霸突鲁就极力赞誉北京的形势："幽燕之地，龙蟠虎踞，形势雄伟，南控江淮，北连朔漠，且天子必居中以受四方朝觐。大王果欲经营天下，驻跸之所，非燕不可。"元代士人陶宗仪在《南村辍耕录》中，对北京的宏观形势也作了类似的描述："右拥太行，左注沧海，抚中原，正南面，枕居庸，奠朔方。"元代开始把北京城纳入天下大势之中，认为北京具有"南面而听天下"的气势。

在确定新址的同时，元大都的营建在格局上大致以宫城、皇城为中心展开。大都城内先以太液池为中心建萧墙，其内总称大内。太液池之东建宫城，又称"内皇城""皇城""东内"。宫城平面呈南北竖长方形，与大都外城略呈相似形。宫城之北建御苑，御苑南至厚载门之北，北至厚载红门之南，西临太液池，四周筑围墙。太液池之西建兴圣、隆福二宫，与宫城相对，亦称"西内"。此处所说之太液池即今之北海和中海，金在此建太宁宫，池中的琼华岛元代更名万岁山，又称万寿山。万岁山是大都城内的制高点，四面环水，南有园坻，今称团城。同时，太液池、万岁山和园坻又是将东内和西内连为一体的枢纽和中心，在大内总体布局中占据重要地位。至元二十二年（1285），大都的大内宫殿、宫城城墙、太液池西岸的太子府（隆福宫）、中书省、枢密院和御史台等官署，以及都城城墙、金水河、钟鼓楼、大护国仁王寺、大圣寿万安寺等陆续竣工。

元大都平面布局在遵从以《周易》《周礼》所代表的儒家传统思想的同时，又适应游牧民族逐水草而居的生活习俗，体现了农耕文化与游牧文化的融合。在中国都城发展史上，元大都出现了接近《周礼·考工记》提出的理想都城模式，确立了今天北京中轴线的雏形。刘秉忠经过周密的勘测，结合地理特点，因地制宜，紧傍太液池东岸，选定今鼓楼所在处为大都城的中心点，设中心台，建中心阁。鼓楼位于全城的几何中心点上，纵贯鼓楼之线为全城东西中分线。由于宫城位于全城东西中分线之东，无法作为大都城的中轴线，因此只好重新确定中轴线。该线向南延伸至丽正门，向北延伸至中心台。1972年，中国科学院考古研究所与北京市文物管理处元大都考古队完成《元大都的勘查和发掘》，其中指出："元大都全城的中轴线，南起丽正门，穿过皇城的灵星门，宫城的崇天门、厚载门，经万宁桥，直达大天寿万宁寺的中心阁。"

梁思成认为，中轴线的确定，对元大都的规划建设起着决定性作用。规划师利用北京什刹海、北海一带天然湖泊的辽阔水面与绚丽风光营造了这座城市。为了使中轴线不被湖水淹没，元大都的设计师在圆弧状湖泊的东岸画出了一条南北与湖泊相切的直线，切点就是今天的后门桥，切线就是今天的中轴线。由此，一条长达8公里，全世界最长且最伟大的南北中轴线穿过了全城，北京独有的壮美秩序就由这条中轴线的建立而产生。前后起伏、左右对称的体形或空间分配都是以这条中轴线为依据的。北京城的宏伟气势就在这个南北延伸、一贯到底的规模中显现出来。

二

明北京城是在元大都城的基础上改造、扩建和发展起来的，明、清北京城的中轴线也是在元大都中轴线的基础上不断进行完善。元朝末年，反抗蒙古统治者的农民起义席卷全国，其中以长江下游一带的朱元璋势力最强。1368

年,朱元璋称帝,国号"大明",年号"洪武",定都应天(南京)。洪武元年八月二日,明大将徐达、常遇春率军攻克大都城,元朝灭亡。明太祖下诏,改大都路为北平府。元顺帝退走蒙古高原后,继续称大元皇帝,时刻伺机南侵。为便于军事防御,徐达对大都城进行了改建。原来大都城内北部比较空旷,加上多年战乱饥馑,人口多有流散和死亡,街道、房屋多被焚毁。徐达在北面城墙以南约五里处另筑新墙,设二门,东曰"安定",西曰"德胜",从而奠定了明代北京城的北界。

洪武三年(1370),朱元璋封第四子朱棣为燕王。洪武十三年(1380),朱棣就藩北平。建文元年(1399),朱棣以"靖难"之名起兵北平,历时4年从建文帝手中夺取了皇位,建元永乐,是为明成祖。明成祖鉴于当时威胁明王朝的主要危险仍然来自塞外的蒙古族残余势力,于永乐元年(1403)升北平为北京,改北平府为顺天府。《明太宗实录》记永乐十四年(1416),"群臣集议营建北京",共同上疏:"伏惟北京,圣上龙兴之地。北枕居庸,西峙太行,东连山海,南俯中原。沃壤千里,山川形胜,足以控四夷,制天下,诚帝王万世之都也。"永乐十五年(1417),兴建新都工程全面展开。十七年(1419),将南城墙向南迁约二里筑新墙,开三门,称丽正门、文明门和顺承门。十八年(1420),北京宫殿城池修建完成,"凡庙社、郊祀、坛场、宫殿、门阙规制悉如南京,而高敞壮丽过之",明朝正式迁都北京。

明代宫城中轴线从大明门向北,经承天门、端门、午门、奉天门,穿过奉天殿宝座中心点,向北直至万岁山,成为宫城规划、设计与布局的主脊和基准。宫城中象征最高权力的主体建筑和标志性建筑(如大明、承天、端、午、奉天等门,外朝三殿,内廷三宫等)均安排在这条轴线上,同时又以与中轴线平行的短轴线配置东、西六宫,文华殿、武英殿建筑群,慈庆宫、仁寿宫和慈宁宫等建筑群,形成中、东、西三路配置的宏伟格局。

明中期之后,蒙古骑兵多次南下掳掠,甚至迫近北京城郊。嘉靖三十二年(1553),北京启动外城修筑工程,至嘉靖四十三年(1564),修筑完成了包围南郊一面的外罗城。原来计划环绕北京内城四面一律加筑外垣,后因财力不济,只修筑了环抱南郊的城墙,这样便把天坛和山川坛纳入外城之内。外城的修筑,使北京城在平面上构成了特有的"凸"字形轮廓。

外城再辟三门,永定门居中,左安门、右安门分别位于东西两侧,东西两面各有一门,东为广渠门,西为广宁门(今广安门),东北和西北隅也各有一门,分别为东便门和西便门。外城的修建,使得原北京城的几何中心点移到了宫城的午门,而中轴线正从这个中心点通过并向南延伸,然后穿过东西并列的天坛和山川坛(今先农坛),直抵永定门。永定门既是北京内城中心御道的延长,也是全城中轴线的明显标志。北京城中轴线至此正式形成，在永定门至钟鼓楼的直线上，自南向北有天桥、正阳门、棋盘街、千步廊、承天门、紫禁城、景山、北安门、万宁桥、鼓楼和钟楼等重要建筑和设施。嘉靖帝将天、地、日、月四坛分置都城南、北、东、西，其中日坛与月坛的连接线呈东西向，与南北向的中轴线相交于太和殿广场，突出了紫禁城的核心地位，体现了皇权至上，彰显了传统布局艺术的最高境界，充分显示出封建社会大一统的气势。

明北京城中轴线上配置了体量巨大的各种建筑，从最南边的永定门到最北边的钟楼，沿线既有御路、街道、河流、桥梁，也有城门、城楼、宫殿，还有以轴线对称方式组合分布的建筑，不仅增强了城市布局的规整性，而且形成了大纵深的线型空间景观序列。这些建筑既是中轴线的实体构成，又将想要表达的理念渗透到建筑形体和空间的关系之中，将严格的礼制秩序、严谨的布局逻辑和高超的布局艺术融为一体，充分体现出皇权至上的思想。明北京城正是以这条中轴线为基准，对元大都城的原有布局进行调整或重新规划设计，才形成了明北京城规整、均衡和规律性的布局模式，也使明北京城在元大都城基础上推陈出新，旧貌换新颜。①

---

① 孟凡人：《元大都的城建规划与元大都和明北京城的中轴线问题》，《故宫学刊》2006年第1期。

中轴线作为北京城的脊梁，还蕴含着"三凸三靠"的建筑布局和层层递进、步步开拓的恢宏格局。其中，"三凸"的第一凸以宫城为依托，从午门到承天门（今天安门），东西有庑墙围合，为封闭型，前罩左祖（太庙）、右社（社稷坛）；第二凸以皇城为依托，自承天门到大明门，东西有千步廊围合，前罩左文（吏户礼工四部和翰林院等）、右武（五军都督府和锦衣卫等）；第三凸则以京城（内城）为依托，自正阳门到永定门，中为御道，前罩左天（天坛）、右地（先农坛）。"三凸"层层相依，叠叠相扣，使得整个皇宫呈现出宏阔雄伟、威严壮丽的气势。

至于"三靠"，其中的第一靠指宫北的景山，明代称煤山，也称镇山。明朝营建北京城时，将疏浚、拓展西苑湖水挖的土，堆积到宫城北部成山，这就形成了宫城北部的第一靠。第二靠是指皇城北的钟鼓楼，不仅挺拔高耸，而且不偏不倚，恰好坐落在中轴线上。第三靠是指最外围的北城城墙。如前所述，北京城南面外城墙辟有三门，但北面却只有安定门和德胜门，城墙当中并未辟有城门。从军事上来讲，当时对明王朝的威胁主要来自北方，中间不开城门更便于防御，但从城市布局上来讲，则使北面形成了第三靠。[1]

---

[1] 阎崇年：《"中正安和"：中轴线的主旋律》，《我与中轴线》编委会编：《我与中轴线》，北京出版社，2012年，第8页。

崇祯十七年（1644）三月，李自成率军攻入北京城，明思宗朱由检在中轴线的制高点——万岁山上自缢，中国历史上最后一个由汉族建立的大一统封建王朝宣告灭亡。李自成于紫禁城武英殿登基，国号"大顺"。仅一个半月后，大顺军在与清军的山海关之战中失利，被迫放弃北京城，撤往陕西。此后，明山海关总兵吴三桂引清军入关，并在石河口击败大顺军。清军入关后，作为皇权象征的北京中轴线重新开始营建，从顺治朝开始，历经康熙、雍正两朝，至乾隆朝基本定型。

顺治元年（1644）五月，多尔衮为了迎接顺治帝移驾北京，下令修缮紫禁城，这是清代营建中轴线的起点。清廷正式迁都北京后，承袭使用明代紫禁城宫殿，这一区域也是改造重点。立国之初，清廷财政紧张，因此修缮原则主要是保证朝政的基本运转。在所有的修建中，以皇帝理政和起居所使用的宫殿最为紧要。顺治二年（1645），太和殿、中和殿和位育宫（保和殿）开工修缮。顺治三年（1646），太和殿、中和殿、体仁阁、太和门等工程竣工。同年十二月，位育宫完工后，顺治帝移居此处，前后使用10余年，直到顺治十三年（1656）才移居刚刚完工的乾清宫。这一批建筑修缮后，基本上恢复了遭受战火破坏的中轴线格局。此外，一些有碍观瞻、涉及宫廷礼制的外朝大殿，如午门、三殿两阁及其门楼均得到修缮。更换宫殿门楼的匾额也是重要的内容之一：如大明门更名为大清门；

三大殿由明代的皇极殿、中极殿、建极殿分别更名为太和殿、中和殿、保和殿；文昭阁、武成阁分别更名为体仁阁、弘义阁。匾额的更换，显示了明清之间的政权更替。

自顺治元年（1644）以来，位于中轴线区域的修建工程年年都有，但由于时值清初战火频仍、饷银紧缺之际，很多工程不得不暂时搁置。顺治帝亲政（1651）之后，前朝宫殿的修缮工程和宫殿额名的变更继续进行。如顺治十年（1653）修建慈宁宫及其花园，东西六宫等后寝区的宫殿也开始进行建造和维修。顺治十二年（1655），居住在南苑的顺治帝再次提出修造乾清宫，经议政王大臣等会议，确定当年再次开工。同年，乾清、景仁、承乾、永寿四宫同时开工。这是顺治朝中轴线宫殿修建的第二次高潮。六月，紫禁城、景山、瀛台定名。顺治十三年（1656），乾清宫、坤宁宫以及景仁宫等宫殿告竣。闰五月底，乾清宫、乾清门、坤宁宫、坤宁门、交泰殿以及景仁、永寿、承乾、翊坤、钟粹、储秀宫等完工。

康熙朝延续了顺治时期对中轴线区域宫殿坛庙等国家礼制建筑的大规模修缮与重建。作为"中华统绪"的历代帝王庙始建于明代，清代统治者亦将此视为自己正统性的标志。康熙四年（1665）三月，工部奉命修葺历代帝王庙。康熙时期，中轴线区域建成的另一重要建筑是文华殿。自明以来，文华殿是帝王举行经筵之所，不仅事关帝王好学勤政之本，而且是封建王朝崇儒重道的象征。康熙二十五年（1686），文华殿落成。

雍正、乾隆时期是清代中轴线建设走向辉煌并最后完善定型的时期。雍正一朝共13年时间，修建工程不多，比较重要的是对景山寿皇殿和紫禁城中的养心殿进行了修缮。乾隆时期，经济繁荣、社会稳定，国库雄厚、物阜民丰，北京中轴线开始进入大规模建设阶段，从而奠定了中轴线的全盛面貌。修建内容包括景山的寿皇殿、五座山亭，紫禁城中的重华宫、建福宫及花园、雨花阁、中正殿、慈宁宫及花园、宁寿宫、文渊阁，礼制建筑中的天坛、先农坛、方泽坛等。

经过清朝历代帝王的持续营建，北京中轴线继承并发扬了自曹魏邺城以来历代都城的特点。中轴线上的主体建筑，体量高大、功能突出、造型美观、气势恢宏，不仅是展示帝王统治秩序的空间场域和国家权威的重要象征，而且对全城的规划布局和立体结构也起着至关重要的作用。朝鲜燕行使朴趾源在《热河日记》中写道："大约皇都之制，前朝而后市，左庙而右社，九门正而九衢直，一都正而天下正矣。"这正是儒家伦理通过中轴线场域的具体展现。

清代中轴线最南端为永定门，向北依次为正阳门、大清门、千步廊、金水桥、天安门、端门、午门、太和门、太和殿、中和殿、保和殿、乾清门、乾清宫、交泰殿、坤宁宫、钦安殿、玄武门（神武门），出宫城，北对北上门、万岁门（景山门）、寿皇殿至北安门（地安门）、鼓楼、钟楼。这条轴线空间远近开阔，建筑起伏跌宕，高大的宫墙、雄伟的城楼与严整的街道有机地结合起来，其配置之丰、规格之高、结构之完整、鸟瞰效果之强、气势之雄伟，以及对宫城和全城布局的主导作用，乃至宫城与全城的完美结合，无不代表了中国封建王朝有史以来的最高水平，从而成为中国古代都城中轴线布局艺术的终极模式。

辛亥革命后，中华民国建立，国家体制发生根本性变革，以中轴线为基准的北京传统空间结构也随着帝制消亡而丧失了制度合法性的支撑。皇城城墙先后被拆除，位于中轴线上的建筑通过功能改造，不同程度地融入城市的日常生活之中，原有的封闭性城市格局日益瓦解，以皇权为中心的一极化政治空间逐渐向多元化的社会空间转化。在这一过程中，皇权的影响逐渐远去，中轴线的"神圣性"逐渐消退，城市建设开始凸显"人"的需求，世俗性社会机制的调节作用越来越强，北京也展示出更加丰富多彩的城市面孔。

1933年6月，袁良出任北平市长。他提出了一个基本思路——将市政改良与文物整理工作结合起来，借此凸显北平的文化资源优势，吸引更多的旅游观光者。最终的目标是将北平从原有的政治包围中解放出来，着重激发城市的内生动力，谋求城市的长久发展。1934年9月，北平市政府向行政院驻平政务整理委员会呈上市政建设三年计划，将1934—1936年定为北平市市政建设计划初期，针对社会、工程、卫生和财政等多个方面的实际情况，逐步进行建设和改造，目标是将北平建成"东方一最大之文化都市"。同年11月，北平市政当局在三年规划的基础上制定了更为具体的《北平游览区建设计划》《北平市沟渠建设计划》《北平市河道整理计划》。后来，三项内容被合称为"旧都文物整理计划"。

旧都文物整理计划是一项综合性功能的城市改造方案，涵盖内容很广，不仅包括文物古建的修复，还有与之配套的市政建设，如道路、交通、商业设施等，主要目的是为发展旅游业提供硬件基础，方便招徕更多的国内外游客前来参观。从1935年5月起，天坛、先农坛西墙、东南角楼、西直门箭楼、妙应寺、正阳门五牌楼、东西长安街牌楼、东西四牌楼、东交民巷牌楼、西安门、地安门、中南海新华门、皇城角门、大高玄殿南牌楼、故宫午门、协和门朝房、南薰殿、宝蕴楼等项目先后完工。曾经作为帝制遗物的宫殿、城门、牌楼等经过修缮，呈现出新的时代面貌。1936年，很多游人刚一入城便不由得感慨："七年前的北平，除东交民巷和长安街的大路以外，到处扬尘，现在各大街都铺做柏油路，道路宽阔，市容整齐。从前深红色的城墙上，油漆着的许多蓝底白字的标语，觉得色调紊乱，极不调和，现在又恢复昔日的深红色了。各地的牌楼，如紫禁城四角的守望楼，现在都整刷一新，衬着蔚蓝天色,壮丽宏伟。"①

正是由于实施了旧都文物整理计划,北京中轴线上的众多建筑在民国时期得到了基本维护与修缮。虽然时局动荡,外敌环伺,但中轴线的轮廓得以保留,为北京城留下了非常宝贵的物质与精神财富。

三

中轴线是构建北京城市骨架的重要基准线,在传统城市空间和功能秩序上起着统领作用,不仅是古都的脊梁与灵魂所在,也是极富特色的历史坐标。北京作为中华民族悠久文明的历史见证,中轴线是其最精华的表现。从新中国成立到1978年改革开放前,北京城市规划与建设主要集中在与传统中轴线在天安门前垂直相交的长安街的东西延长线上,城市空间拓展的主要方向也转向了东部与西部。

新中国成立后,天安门广场成为举世瞩目的政治集会广场,对其改建和扩建的规划设计工作从未间断。经过几次改建和扩建后,天安门广场已成为全世界最大的城市广场,可容纳一百万人的集会。天安门城楼、五星红旗旗杆、人民英雄纪念碑和毛主席纪念堂都处在北京城的中轴线上。人民大会堂和中国历史博物馆、中国革命博物馆则坐落于东西两侧,取代了昔日千步廊的位置。侯仁之认

---

① 汪亚尘:《北游杂忆》,《玫瑰画报》第35期,1936年6月26日。

为："扩建后的天安门广场在整个首都的城市规划中，已经成为平面布局的中心，占据了全城中最重要的地位。对比之下，紫禁城这个旧日的中轴，则已经退居到类似广场'后院'的次要地位，并已经被改造成一座最具体、最生动的阶级教育大课堂。""帝王至上"的主题思想被"人民至上"所取代。因此，他将1949年之后天安门广场的改建与扩建称为北京城市规划建设中的第二个里程碑。

与此同时，新的政治轴线——长安街南北两侧的规划和建设也一直持续进行着，陆续建成了公安部、纺织部、煤炭部等中央部委办公楼。北京是中华人民共和国的首都，在城市规划和建设中要体现首都的性质和功能，因此作为新中国和新北京象征的长安街就开始担负起政治大街的任务。1958年，为了迎接新中国成立10周年，长安街沿线建成了"十大建筑"中的民族文化宫、民族饭店和北京火车站。

国家之所以重视长安街的建设，除了北京是新中国的政治中心及其拥有的象征意义外，还是为解决北京的城市规划建设问题。当时，北京新建成的房子虽然总面积很大，但也出现了规划"比较零散，没有形成完整的街道和住宅区"，以及城市面貌老旧破败等问题。在这种情况下，北京市规划管理局提出了"成街成片逐步改建的方针"。1964年，随着国民经济调整的任务基本完成，国务院副总理李富春向中央提交了《关于北京城市建设工作的报告》，明确提出：要改变首都面貌，应先把长安街建设起来，并迅速制定长安街的改建规划。之后，提出长安街应该体现"庄严、美丽、现代化"的方针，并对长安街的改建形成了比较完善的规划方案。1982年的《北京城市建设总体规划方案》明确北京的城市性质是"全国的政治中心和文化中心"，指出要开展"适合首都特点的经济建设"。在此基础上，编制制定了《关于天安门广场和长安街规划综合方案的建议（草案）》，确定长安街作为政治性、文化性大街的规划原则，在总体布局上对长安街的长度、宽度、建筑高度等进行规定，并对红墙、绿地、服务设施、轴线分布、地铁等细节和功能设计方面提出了明确要求。长安街的改造使北京的总体格局发生了重大而深远的变化，城市空间结构由"一轴"变为"两轴"，两大轴线的交会处——天安门使得城市中心南移，新的棋盘式城市布局出现。

新中国成立之初，为了把北京从"消费城市"变成"生产城市"，以及治理交通拥堵，中轴线上的一些重要建筑继民国之后再次遭到破坏，一些节点景观被拆除。1951年拆除永定门瓮城，1955年拆除地安门门楼，1957年拆除永定门箭楼，随后拆除了永定门城楼。同时，在中轴线东西两侧新建了很多公共建筑以及住宅。由于城市建设重心的转移，传统中轴线失去了轴心地位，其连贯性与完整性丧失，曾经塑造古都壮美秩序的中轴线的原始意义与功能被淡化，其概念也逐渐模糊，甚至在一段历史时期内被"遗忘"了。

事实上，数百年来北京中轴线的历史，始终与北京城的历史同频共振。明清时期，中轴线是北京城的规划基准，确立了帝都严谨方正的城市格局。从20世纪20年代开始，以天安门为中心的东西轴线开始逐渐突破原有的南北中轴线对城市空间的规定与制约。新中国成立后，北京承继了原有的城市空间结构，在不打破以中轴线为中心的对称性结构前提下，以天安门广场为中心，延长东、西长安街，拓展城市的东西边界。不过这一举措在强化北京东西向流动的同时，也使南北向的关系出现了失衡，其直接后果就是南城在城市基础设施建设与经济、社会发展水平等方面一直落后于北城。尤其是1990年亚运会与2008年奥运会会址都选在北部城区后，进一步拉大了北京城的南北差距。

20世纪80年代后，北京的城市形象与功能定位发生了根本性调整。1982年北京被确定为国家历史文化名城后，中轴线的保护工作得以大力开展。1983年7月14日，中共中央、国务院在对《北京城市建设总体规划方案》的批复中明确指出，北京的定位是全国的政治与文化中心，今后不再发展重工业。自此，中轴线作为文化中心建设的重要资源，在首都城市规划发展中的地位不断提升。1984年，北京市委、首都规划建设委员会和北京市政府组织有关单位进行了认真研究,分别制定了7个方案,然后又组织讨论、修改、综合,完成了新一轮天安门广场和长安街规划综合方案。

1983年,北京获得第十一届亚洲运动会举办权,这也是新中国成立后第一次承办大型洲际运动会。北京市政府决定将亚运村以及大多数比赛场馆选址在城市北部。同时,为了解决北京老城到亚运村的交通问题,专门从北二环中路的钟鼓楼桥到北四环中路的北辰桥开辟了一条新的通道,长度约5公里。后来,这条通道被命名为"北辰路"。这是明清以来北京中轴线第一次长距离向北延伸。

在新的城市规划理念指导下,中轴线作为城市文化景观以及有效的空间组织形式被不断强化,中轴线的概念也逐渐回归公众视野,对它的保护也有了明确的规划与指导。1993年10月,国务院批复了《北京城市总体规划(1991年—2010年)》,明确把中轴线向南、北两个方向延伸,并在其两侧和终端安排公共建筑群,采取不同的城市设计处理手法,分别体现出"门户"形象和21世纪首都的新风貌。2005年1月国务院批复的《北京城市总体规划(2004年—2020年)》提出了名城整体保护的理念,构建"两轴、两带、多中心"的城市空间新格局。

2001年北京获得第29届夏季奥运会举办权后,将奥运主体育场建立在城市北部,即中轴线北部的延长线上,并决定以此为中心建立奥林匹克公园。最终,《人类文明成就的轴线》设计方案成功入选。奥林匹克公园成为中心活动区域，自北向南分为森林公园、中心区和四环路以南区域三大部分。奥林匹克公园集森林、湿地于一体，空间开阔，给北京城北部区域的城市肌理带来了深远影响。这一系列建设，使得自1990年亚运会后，中轴线的延伸有了进一步突破，从北四环向北延伸至北五环，中轴线北端城市景观的格局基本确立。

以奥运会的举办为契机，北京实施了一系列城市改造，中轴线景观逐渐恢复。2004年9月，消失了近半个世纪的永定门城楼在原址按原状完成复建，再次屹立在中轴线南端。虽然限于当时条件，护城河桥、瓮城、箭楼未能同时恢复，但毕竟重现了这一重要地标性建筑。同时，永定门外燕墩周边环境得到彻底整治，亮出了中轴线"前导"的身姿。不仅如此，这一时期还拆除了天坛与先农坛之间的杂乱房屋，亮出了现存的坛墙，恢复了天街御路。从2006年起，全面修复正阳门外大街风貌，同时全面修缮了正阳门，拆除了地安门内"内皇城"边的杂乱建筑，在原址恢复部分雁翅楼。地安门内外大街得以整治，钟鼓楼、皇城墙、万宁桥等建筑也得以修缮，中轴线重新展现出基本轮廓。

2008年8月8日北京奥运会开幕式正式开始前，29个巨大的"烟花脚印"，以永定门为起点，沿明清北京中轴线一路向北，迈向奥运会主体育场。这样一种仪式感十足的设计，在传统中轴线之上叠加了时代寓意，完成了古代历史与现代时空的无缝衔接，并将当下的北京置于人类文明的历史长河之中。全新的北京中轴线也在这些"烟花脚印"的次第燃放中展示了自身独特的文化魅力。此后，在北京城市建设中，中轴线的地位越发凸显。2010年，北京市委、市政府采取四城区合并的办法，加强对名城的保护管理工作，提出了中轴线申遗的工作目标。

《"十二五"规划纲要（草案）》中特别指出，对于北京历史文化名城的保护，要着重围绕"一轴一线"，打通重要节点，回填历史元素，恢复经典风貌，重构历史文化美丽走廊。"一轴"即北京旧城的南北中轴线。

北京的中轴线从开始规划到逐步定型，再到衰敝，后又复兴，可说是历尽沧桑，但它作为一国之都的构架根本始终如一。中轴线既体现了政权统一、政令贯通的政治理念，也体现了中正顺畅、平衡和谐的社会理想，同时还彰显了中国古代都城规划在处理空间、节奏、界面、标识等方面的高超美学技巧。[①]新中国成立后，北京作为快速发展的大国首都，原来的中轴格局出现了明显的不适应性。天安门前广场的改造使中轴线的中心地段发生了重大的改变，这是历史的必然，也是城市发展的规律。随着时代的发展，北京中轴线又重新焕发生机，并被赋予了"人类文

---

① 王世仁：《北京老城中轴线述略》，《北京规划建设》2007年第5期。

明成就的轴线"和"通往自然的轴线"的新意义。

2011年6月，北京市人民政府正式启动北京中轴线申遗工作，并对大高玄殿（俗称大高殿）、北海万佛楼和阐福寺等一批重要文物建筑进行修缮。2012年，北京中轴线被国家文物局正式列入《中国世界文化遗产预备名单》，确定北京中轴线申遗核心区总面积468.86公顷，涵盖60%的北京老城面积。2017年，"积极推进中轴线申遗工作"写入北京城市总体规划。2020年，《首都功能核心区控制性详细规划（街区层面）（2018年—2035年）》发布，明确以中轴线申遗保护为抓手，带动老城整体保护。

当代的北京中轴线纵贯旧城核心区、北部的奥林匹克公园、南部的南苑地区，并与北京新机场空港区相连。中轴线的南北延长，既是对传统中轴线理论的不断丰富和对传统都城营造理念的继承，也是当代北京城市空间拓展的客观需求。中轴线一头连接古老的过去，一头指向充满希望的未来，既是历史轴线，也是发展轴线。

作为"十四五"时期北京历史文化名城保护的重点任务，中轴线申遗保护及文物修缮已被纳入首都规划建设委员会议事协调机制。特别是北京中轴线申遗保护工作办公室成立后，不仅形成了齐抓共管的态势，而且逐步构建起了多部门参与、协调联动的发展格局。

近年来，北京大力推动中轴线申遗保护，带动北京老城整体保护与复兴，完成了对太庙、社稷坛、天坛、景山等一系列中轴线沿线上的重点文物建筑的清理腾退工作。这条拥有悠久历史的壮美中轴线，正在新时代重现辉煌。

中轴线并不是简单的一条线，而是一个巨大建筑群和城市空间的组合体。联合国教科文组织《世界遗产公约》及其《操作指南》确立的世界遗产保护制度，对申报世界文化遗产提出了较高的标准，要求国家和地方级的立法与规范措施应确保遗产保护完好。2022年5月下旬，《北京中轴线文化遗产保护条例》（以下简称《条例》）经北京市人大常委会审议通过，明确规定了谁来保护中轴线、怎样保护中轴线、如何让中轴线活起来、公众如何参与中轴线保护等内容，并提出要制定中轴线保护管理规划，从而为做好中轴线历史文化遗产的保护传承工作提供了有力的法治保障。2022年10月1日，《条例》正式实施，使得中轴线保护事业真正实现了有法可依。

为了便于社会公众了解和参与保护，《条例》第二条明确规定："北京中轴线北端为北京鼓楼、钟楼，南端为永定门，纵贯北京老城，全长7.8公里，是由一系列古代皇家建筑、城市管理设施、居中历史道路、现代公共建筑和公共空间等共同构成的城市历史建筑群。"同时，在第二条第一项列举了具体遗产点位，包括北京鼓楼、钟楼、地安门外大街、万宁桥、地安门内大街、景山、故宫、太庙、社稷坛、天安门、天安门广场建筑群、正阳门、前门大街、天桥南大街、天坛、先农坛、永定门御道遗存和永定门等。

本质上，中轴线属于一个"活"的遗产，它一直生长在市民百姓的生活之中，并在人们的精心呵护下散发出勃勃生机。《条例》专设"传承利用和公众参与"一章，明确了遗产保护的公众参与机制，其中包括建立遗产信息平台，为公众查阅信息、共享研究成果等提供便利；鼓励保护对象的所有人、管理人、使用人开展遗产价值发掘、阐释和传播活动；鼓励通过开展研究、宣传政策、捐助资金、提供场所和服务等方式，参与保护利用；建立保护机构与保护区域内居民的日常沟通机制等。

除北京中轴线外，与之相关的物质的和非物质的环境作为承载中轴线突出普遍价值的一部分，也是《条例》保护的对象。具体规定在《条例》第三条第二项至第八项，其中详细标明了在中轴线居中对称格局下形成的历史城郭、历史街巷、城市标志物、景观视廊、历史河湖水系和古树名木等历史文化资源，以及与中轴线价值密切相关的国家礼仪传统、城市管理传统、建造技艺传统和民俗文化传统等。

2022年，国家文物局正式推荐"北京中轴线"作为我国2024年世界文化遗产申报项目。2022年底，《北京中轴线保护管理规划（2022年—2035年）》（以下简称《规划》）正式公布，不仅明确了15个遗产点，还划分了遗产区和缓冲区，被称为中轴线文化遗产的全景图。其中，遗产区包含承载遗产价值的15处构成要素，以及构成要素之间必要的连接区域，总面积约5.9平方公里；缓冲区包含位于遗产区周边且与中轴线的形成和发展联系紧密的区域，总面积约45.4平方公里。《规划》提出，要高标准建立遗产监测系统，对遗产保存状况、自然和社会环境状况等方面进行监测，提升预防性保护管理水平；建设遗产档案信息系统，开展重点问题研究，深化对北京中轴线和北京老城的理解与认识。《规划》还提出，要建立健全职责清晰、运行顺畅的遗产保护管理体系，形成国家、市、区三级的管理架构，更好地协调促进遗产保护与城市建设的衔接，提升全社会共同参与遗产保护效能，实现对遗产长期、有效的保护与管理。

中轴线是北京老城的灵魂和脊梁。《规划》充分考虑了北京中轴线与老城相互依存、互为支撑的格局关系，强调以"城"的整体保护达成中轴线遗产环境的保护，推动区域功能优化、民生改善、环境提升等多重目标实现，进而实现老城整体保护与复兴，让正阳门文物建筑与雨燕和谐共存，使北京中轴线上20条景观视廊通达有序，留住居民的乡愁记忆和老城情怀。由此可见，保护中轴线，不只是保护古建，更是保护整个北京老城。《规划》的颁布实施，标志着北京中轴线申遗保护工作迈入新台阶。

2023年是推进《规划》实施的关键之年，中轴线申遗也进入了最后的冲刺阶段。未来，北京中轴线的保护工作将继续严格遵循相关法律法规要求,坚持长期维护北京中轴线的完整性和真实性,促进历史文脉的传承和可持续发展,不断增强社会公众的文化自信、文化自觉,使古都之脊绽放时代新韵,使北京老城焕发勃勃生机。

钟鼓楼

钟鼓楼是北京城中轴线北端的两大单体建筑，其中钟楼和鼓楼前后纵置，始建于元代至元年间，是元、明、清三代的报时中心。中国自古就有"晨钟暮鼓"的说法，所以钟鼓楼从建成后的数百年间，一直为北京城规划着每日一次的仪式性休眠和标示宵禁起止的功能。同时，作为帝制时代北京城中轴线上最高的建筑，钟鼓楼也见证了中国的历史变迁。尽管钟鼓已经不再鸣响，但不管是前朝的余绪或俗世的幸福，还是建筑的凝固或时间的流逝，都蕴含在钟鼓楼内流淌的历史中。

元大都城始建于至元四年（1267），主要设计者为刘秉忠。《元史·刘秉忠传》载："至元四年，又命秉忠筑中都城，始建宗庙宫室。"在刘秉忠的"经画指授"下，经过9年的建设，到了至元十三年（1276），一座崭新的都城始告竣工。《元一统志》载："至元九年二月，改号大都，迁居民以实之，建钟鼓楼于城中。"《马可波罗行纪》对大都城的皇宫做了详尽的描绘：

周围有一大方墙，宽广各有一哩。质言之，周围共有四哩。此墙广大，高有十步，周围白色，有女墙。此墙四角各有大宫一所，甚富丽，贮藏君主之战具于其中，如弓、箙、弦、鞍、辔及一切军中必需之物是已。四角四宫之间，复各有一宫，其形相类。由是围墙共有八宫甚大，其中满贮大汗战具……

此墙南面辟五门，中间一门除战时兵马甲仗由此而出外，从来不开。中门两旁各辟二门，共为五门。中门最大，行人皆由两旁较小之四门出入。此四门并不相接，两门在墙之两角，面南向，余二门在大门之两侧。如是布置，确使此大门居南墙之中。

此墙之内，围墙南部中，广延一哩，别有一墙，其长度逾于宽度。此墙周围亦有八宫，与外墙八宫相类。其中亦贮君主战具。南面亦辟五门，与外墙同，亦于每角各辟一门。此二墙之中央，为君主大宫所在，其布置之法如下：

君等应知此宫之大，向所未见。宫上无楼，建于平地，惟台基高出地面十掌。宫顶甚高，宫墙及房壁满涂金银，并绘龙、兽、鸟、骑士、形像及其他数物于其上。屋顶之天花板，亦除金银及绘画外别无他物。

大殿宽广，足容六千人聚食而有余，房屋之多，可谓奇观。此宫壮丽富赡，世人布置之良，诚无逾于此者。顶上之瓦，皆红黄绿蓝及其他诸色。上涂以釉，光泽灿烂，犹如水晶，致使远处亦见此宫光辉。应知其顶坚固，可以久存不坏。①

中心台是元大都空间规划的一个基本控制点，《析津志辑佚·古迹》记载："中心台，在中心阁西十五步。其台方幅一亩，以墙缭绕，正南有石碑，刻曰中心之台，实都城东、南、西、北四方之中也。在原庙之前。"在中心台和中心阁周边，有万宁寺、中书省等，它们共同构成了元大都的中心区。

鼓楼和钟楼也在中心台附近。鼓楼原名齐政楼，取义《尚书·尧典》。关于舜帝受天命，《尧典》有这样的描述："正月上日，受终于文祖。在璇玑玉衡以齐七政。肆类于上帝，禋于六宗，望于山川，遍于群神，辑五瑞。既月乃日，觐四岳群牧，班瑞于群后。"就是说，舜帝观测北极、北斗，推算日月五星同起牵牛初度，测定了历元，获得了天命。忽必烈以此命名元大都鼓楼为齐政楼，即显示他是尧、舜传人，这是中国古代统一多民族国家发展历程中的

---

① ［法］沙海昂注，冯承钧译：《马可波罗行纪》，商务印书馆，2012年，第182—183页。

一件大事。

元大都钟鼓楼位于元宫城之北的居民区中,南北向,均坐落于元大都中轴线上。其中,鼓楼居南,钟楼居北,两者之间仅百米之遥。《(光绪)顺天府志》总纂官缪荃孙曾写有一篇《元钟鼓楼考》:

> 钟楼,至元中建,阁四阿,檐三重,悬钟于上,声远愈闻之。鼓楼,旧名齐政楼,此楼正居都城之中。楼下三门,楼之东南转角街市俱是针铺。西,斜街临海子,率多歌台酒馆,有望湖亭,昔日皆贵官游赏之地。楼之左右,俱有果木、饼面、柴炭、器用之属。齐政者,书璇玑玉衡,以齐七政之义。上置铜刻漏,制极精妙,故老相传,以为先宋故物。

民国时期,余棨昌编撰的《故都变迁记略》一书对鼓楼内部的陈设及其变迁有如下记载:

> 地安门外,与之直对,为鼓楼。旧名齐政楼,元建,为都城之丽谯。上置铜刻漏,制极精妙,故老相传,以为先宋故物。其制为铜漏壶四,上曰天池,次曰平水,又次曰万分,下曰收水。中安铙神,设机械,时至则每刻击铙八。以壶水漏

为度，涸则随时增，冬则用温水云。清代铜刻漏已失，惟以时辰香定更次，民国后废。十四年（1925），设民众教育馆于楼上。

钟鼓楼原是北京城的报时中心，北京是首都，那么钟鼓楼的时间也是全国的"标准时间"。"都城内外，十有余里，莫不耸听。"从钟鼓楼向南——万宁桥、地安门、午门、正阳门、永定门……钟声穿越北京中轴线。定更与亮更时分，城门闻声而开合，百姓闻声而作息。元大都通过皇家设立的钟鼓楼，掌控全城臣民的起居生活节奏，使都城管理达到了中国帝制时代的最高水平。大都城实行宵禁制度，以钟声为信号。《元典章·刑部·禁夜》描述："一更三点，钟声绝，禁人行。五更三点，钟声动，听人行。"《马可波罗行纪》也对此有记载："城之中央有一极大宫殿，中悬大钟一口，夜间若鸣钟三下，则禁止人行。鸣钟以后，除为育儿之妇女或病人之需要外，无人敢通行道中。纵许行者，亦须携灯火而出。每城门命千人执兵把守。把守者，非有所畏也，盖因君主驻跸于此，礼应如是，且不欲盗贼损害城中一物也。"[1]由此可见，钟鼓楼不仅是全城的报时中心，也是宵禁信号，与百姓的日常生活

---

[1] ［法］沙海昂注，冯承钧译：《马可波罗行纪》，商务印书馆，2012年，第190页。

关系密切。每年立春,齐政楼前都要举行"打春"仪式。元朝政府都要派官员"迎太岁神牛于齐政楼之南",香花灯烛,非常热闹。

明初,钟鼓楼曾一度没落,甚至因遭雷击、火灾等数次焚毁。由于明初的北京城是在元大都城基础上北缩南扩后形成的,所以明初的北京内城与元大都时相比,东西城墙位置和东西城墙南面的两座城门位置未变,皇城紫禁城总体方位未变,积水潭等水面的位置未变,城内主要干道、胡同未变。最大的变化是重新规划了明北京内城的南、北界线,从而改变了元大都城的平面形制。这个变化导致明北京内城的几何中心点移到万岁山(今景山),即元大都全城几何中心点和东西中分线平行东移,原本元大都的全城制高点是万寿山(今北海白塔山),但到了明初,北平的全城制高点东移至万岁山之巅。从此元大都全城几何中心点和东西中分线失去作用,而立于元大都中轴线上的钟鼓楼亦随之取消。①

明永乐十八年(1420),鼓楼在旧址偏东处重修,钟楼则是将元大都万宁寺之中心阁改建。《明一统志》载:"鼓楼,在府(指顺天府署)西,钟楼,在鼓楼北,二楼俱本朝永乐十八年建。"由于北京城的城址发生了变化,钟鼓

---

① 孟凡人:《元大都的城建规划与元大都和明北京城的中轴线问题》,《故宫学刊》2006年第1期,第96—121页。

楼虽已重建，但在明北京已经不再位于中心，而是处在了偏北的位置。

钟鼓楼在永乐年间重建后，不再局限于报时功能，而是成为集礼仪、祭祀和报时等功能于一体的综合性皇家都城建筑。它高大的台基、宽广的面积、"九五开间"的楼阁、东西向的对称开创了中国古代钟鼓楼规制之最。现存鼓楼的形制和地点大致保持了永乐时期敕建的风貌。绿瓦顶的重檐下饰以彩色装饰带，其余部分全部涂以朱漆，由厚砖墙加固的塔楼底层形成整座建筑的高台基座，其上则是木构的楼体。顶层的大通间里原来安置有25面鼓，1面主鼓代表一年，其他24面鼓代表二十四节气，每面鼓均以牛皮绷面，最大的一面直径达1.5米。

清乾隆十年（1745），钟鼓楼重建。之后，每日击鼓鸣钟，为全城报时。报时并非仅靠鼓和钟，还需借助碑漏、铜刻漏和时辰香计时。击鼓定更和撞钟报时共同构成完整的报时系统。在600多年的报时历史中，北京钟鼓楼始终沿用先击鼓后撞钟，每日报时始于暮鼓、止于晨钟的报时方式。古人以日出和日落为标志，将夜均分为五等份，每份为一更。定更（一更）开启第一次报时，钟声响，城门关，交通断，称"净街"。这时，在大街小巷行走的就只有京城的更夫们。他们手持铜锣和梆子，锣音脆亮，梆声悠长。

一更至五更都是先击鼓后撞钟，五更（亮更）完成最后一次报时。清乾隆后，则是二更至四更只撞钟不击鼓。钟、鼓报时均敲108声，时有民谚称："紧十八，慢十八，不紧不慢又十八。"还有一个流传很广的民间传说，讲的是明永乐皇帝敕令铸一口新钟，但铸匠试铸多次也未能使之满意。永乐皇帝龙颜大怒，威胁要惩罚铸匠。铸匠的女儿为了救父一命，就舍身跳入正在浇注金属溶液的铸模中，永远化作了大钟的一部分。父亲虽然在最后一刻极力想抓住女儿，但只抓住了她的一只鞋子。这次铸成的大钟十分完满，但在北京居民的耳里，每次撞钟的钟声听起来都像"鞋"的声音，好似铸匠的女儿总在寻找她丢掉的那只鞋。

自元代始，钟鼓楼因其位于中心位置，周边逐渐形成一条联系"前朝后市"的交易纽带。正如《易·系辞下》所描绘的场景："日中为市，致天下之民，聚天下之货，交易而退，各得其所。"元朝的政治中心在大都和上都，但经济中心在江浙一带。忽必烈定都大都后，首先面临的便是粮食运输问题。为此，元朝统治者在整修大运河的同时，还积极开辟海运。然而，无论是沿大运河北上的船只，还是沿海路而来的粮船，只能运抵通州。由通州到大都的几十里路则完全依靠陆运，困难众多，且费用不低。《元史》记载，"陆挽官粮，岁若千万，民不胜其悴"，若遇雨天，道路泥泞，人困畜疲，更为艰难。其间，驴畜死者不可胜计。

至元二十九年（1292），水监郭守敬主持开凿通惠河，从昌平凤凰山白浮泉引水，沿途又汇聚百泉、龙眼泉、一亩泉等泉水注入瓮山泊（今颐和园昆明湖），再经长河引入积水潭（包括今前海、后海和积水潭），再引水向东，经元皇城东边向南，出大都城后再向东直达通州。通惠河修好后，积水潭水面扩大，汪洋一片，由南方沿大运河北上的漕运船可沿通惠河直接驶入大都城内，经万宁桥下进入什刹海。从此，江南的漕粮、茶叶、蔗糖、棉布、丝绸和竹漆等源源而至，什刹海成为元大都生存与繁华的生命线。它是大运河北端的终点，与运河相连，也与海上相连，成为元大都的漕运码头和外部交通之枢纽。

通惠河带来的漕运，使钟鼓楼一带形成繁华的"后市"。《析津志辑佚》载："钟楼之制，雄敞高明，与鼓楼相望。本朝富庶殷实，莫盛于此。楼有八隅四井之号，盖东西南北街道最为宽广。"① 鼓楼左右两侧，排列着米市、面市、柴炭市、铁器市、绸缎市、皮帽市、珠宝市、鹅鸭市、果子市等各种店铺，饭铺、茶馆、理发店、洗澡堂等在周围街巷胡同里随处可见。此外，这里还有大都最大的"穷汉市"，即劳动力市场。这里四时游人不绝，客商云集，是大都城最大的商业中心。清人震钧《天咫偶闻》中记录："地安门外大街最为骈阗。北至鼓楼，凡二里余，

---

① 《日下旧闻考》卷五十四。

每日中为市,攘往熙来,无物不有。"在很长的一段时期,北京民间一直流传谚语"东四西单鼓楼前",说的同样是当时北京三个最主要的繁华商业区。

钟鼓楼街市的繁华一方面受到周边的什刹海作为漕运终点带来的巨大人流、货流影响,另一方面也与北京层层包裹的封闭城市空间结构相关。明清时期,北京城分为外城、内城、皇城和宫城(紫禁城)几个不同的圈层。紫禁城深深套在多重的长方形外墙内,是天子的私人领域。紫禁城外的第二重城——皇城,包括皇家花园、卫队营、王府等建筑,对紫禁城起着藩护的作用。这两重城处于北京城的绝对中心,如果一个京城百姓要从城东走到城西,只有两种选择:要么经过皇城北端的地安门外,要么从内城南端的正阳门通过。若选择第一条路线,他必然要穿过鼓楼周围形成的繁华商业区。人流带来了消费的可能,因而钟鼓楼街市也自然成为明清北京非常重要的商业中心。

清北京城沿用了明代的都城格局,钟鼓楼同样如此,只是作了重新修复而已。乾隆帝决定将钟鼓楼改为砖石结构,并在钟楼前竖立《御制重建钟楼碑记》:

> 皇城地安门之北,有飞檐杰阁、翼如焕如者,为鼓楼。楼稍北,崇基并峙者,为钟楼,其来旧矣。而钟楼亟毁于火,遂废弗葺治。朕惟神京陆海,地大物博,通阛别隧,黎庶阜殷。夫物庞则

识纷,非有器齐一之无以示晨昏之节。器巨则用广,非藉楼表式之无以肃远近之观。且二楼相望,为紫禁后护。

当五夜严更,九衢启曙,景钟发声,与宫壶之刻漏,周庐之铃柝,疾徐相应。清宵气肃,轻飙远扬,都城内外十有余里,莫不耸听,仿挈壶鸡人之遗制,宵衣待漏,均有警焉。

爰饬所司,重加经度。基仍旧址,构用新制。凡柱栿榱题之用,悉甃以砖石,俾规制与鼓楼相称。经始于乾隆十年,阅二年工竣。

明清两代,钟鼓楼一直是中轴线上最高的两座建筑,比紫禁城中的正殿太和殿还要高十几米。但钟鼓楼和太和殿的真正差别不在于它们的高度,而在于是否能被大众看见:太和殿深藏于紫禁城的重重围墙之中,而钟鼓楼则暴露在公共视野里,一直充当着聚集公众视觉感知的地标景观。直至现代,它们仍然高耸于周边的商铺和民宅之上,给人一种强烈的建筑巨障的印象。

虽然见过钟鼓楼的人都在感叹它们的高度,但鲜有人注意钟楼比鼓楼更高。与鼓楼内放置着众多牛皮鼓不同,钟楼内部仅有一口巨钟悬挂于顶层开放式穹隆内室的中心,并通过建筑的精巧构造达到扩音和传声的效果。具体来说,钟楼一、二层四面正中各开一个券洞,形成"十"

字形空间，上、下两层中部贯通，形成一个共鸣腔，相当于一个巨大的扩音器，有利于钟声传播。中国科学院声学研究所曾运用现代科学仪器，对钟楼报时铜钟的钟声进行过两次测量，结果表明：当敲钟声音为50分贝时，在无高大建筑阻挡的情况下，可以在近4公里处听到钟声；110分贝时，可在10公里处听到钟声。就鼓楼而言，虽然顶层四周设有门窗，但定点击鼓的时候总是门户大开，使得鼓声可以传至都城的各个角落。

鼓楼庞大而雄伟，钟楼纤瘦而雅致。有一种说法：鼓楼象征着雄性之阳，钟楼则代表了雌性之阴。刘心武在获得茅盾文学奖的小说《钟鼓楼》中便将二者的关系比喻为一对夫妻，"鼓楼在前，红墙黄瓦；钟楼在后，灰墙绿瓦。鼓楼胖，钟楼瘦。鼓楼是夫，钟楼就是妻。他们永远那么紧挨着，不分离"。

钟鼓楼除了视觉上给人不同的观感外，给人印象最深的还是它们的声音。朱家溍童年时住在王府井大街西堂子胡同，后来迁居帽儿胡同，距钟鼓楼更近，对钟鼓声听得更加清楚。在他的印象中，鼓的声音"沉重宽厚，有很大的气势，好像夏天酝酿下雨的时候，远方隐隐有隆隆的雷音"；钟的声音只能用"洪"来形容，因为"声洪就是说这声音不仅仅是大，而且是说这大的声音发出震动的音波、嗡嗡的起伏、飘飘然送到远方"。金焘纯对钟的声音的形容是"亢亮"，而对于"同时击响的二十四面更鼓"，则直接将之概括为"惊天动地"。他还说:"尤在冬日夜深之时,寒星闪烁,万籁无声,高楼鼓声,响彻九霄,更增添了古城的肃穆和威严。"

击鼓撞钟不仅只是一种声音的传递,更是明清时期对城市秩序的把控,行使的是城市治理的职能。巫鸿在《北京的钟鼓楼》中对此有很精彩的分析:"联合的钟鼓撞击通过调动京城城门的开闭来控制城市的空间……击鼓撞钟的时刻表如下:每日戌时(晚7点),开始敲击大鼓,铜钟紧随其后。钟、鼓声富有节奏,以不同的速度分段进行。……内城的九座城门随之一一关闭,巡查关上'街门',民居亦闭户锁门。次日寅时(早5点),又以同样的程序撞击钟鼓:夜晚正式结束,城市苏醒的时刻到来。……城门慢慢打开,集市开张,官员上朝。戌时与寅时之间(亦即晚7点至早5点之间),鼓楼保持沉寂,唯有钟楼鸣夜更。……北京城里各种门、障的统一开闭意味着城市空间结构的规定性的日常转换:当所有的门呼应傍晚的钟鼓声而关上的时候,不仅城墙内的城市与外界隔离开,而且墙内的空间——包括皇宫、朝廷、集市、寺庙、私宅等全都变成了关闭的、互不相连的独立单位。大小街道被清空,不再将城市的各个部门连成一个活动性的整体。"从这个意义上说,钟声与鼓声的联合,调动了城市的基本活动。

光绪二十六年(1900)八国联军入侵北京,占领了钟鼓楼，用刺刀将鼓楼的鼓面划破，24面更鼓仅余1面。中华民国成立以后，北洋政府与逊清皇室签署优待条件，逊帝溥仪依然被允许住在紫禁城中，维持其小朝廷的格局，钟鼓楼司时的功能也延续了下来。

1924年，冯玉祥发动北京政变，将溥仪等人逐出紫禁城，管理旗鼓手的机关"銮舆卫"随之被取消，老百姓再也听不到响彻北京城的晨钟暮鼓了。同年，京兆尹薛笃弼将鼓楼改名为"明耻楼"，刻匾挂于楼门之上，并在鼓楼里面陈列八国联军烧杀抢掠的照片、实物等，以警示民众。

1925年，继任京兆尹李谦六恢复"齐政楼"之名，并在鼓楼开办"京兆通俗教育馆"，进行公共卫生及改良风俗方面的宣传。馆内设立图书部、游艺部、博物馆和平民学校等，陈列历代帝王像、著名文臣武将像以及北京名胜古迹照片，供人参观。又在鼓楼西侧及楼后兴建儿童和成人体育场。1928年，"京兆通俗教育馆"转隶北平特别市教育局，改称"北平特别市通俗教育馆"。1931年九一八事变发生后，该馆时常举办展览会、讲演会，并上演戏剧，进行抗日宣传。1933年，该馆又改为北平市社会局直辖，更名"北平市第一社会教育区民众教育馆"，内设教学、阅览、康乐三部，附设儿童游乐场。抗战胜利后，鼓楼经过修葺，于1946年8月复馆，定名为"北平市第一民众教育馆"，设有教学、艺术、陈列、书报等部门。

1949年2月，北平市军事管制委员会接管了鼓楼，将其更名为北平市立第一人民教育馆。

在1924年废除报时功能后，钟楼亦被改造为京兆通俗教育馆附设的电影院，放映无声电影。之后，原本悬挂于钟楼上部的大钟被挪出，移到了钟楼院落入口处的地下，露天存放。不久之后，由于风雨的剥蚀，大钟上铭刻的经文字迹逐渐模糊。1937年日军侵入北平之后，钟鼓楼的民众教育馆和电影院也一并被接管。

当钟鼓声不再响起，钟鼓楼最重要的功能也渐渐被人们遗忘。20世纪50年代，当周汝昌看到《北京日报》上的一篇文章《北京钟楼的钟声》时，禁不住惊呼："哦，原来'钟楼'是有钟声的！"他还说："我从来就是把它当作'纯装饰性'的东西看待的，我还以为钟楼'天生'就是哑巴呢。"在"世界上不是很有些古老的钟楼，至今仍然每日发出动人的钟声吗"这样的追问中，周汝昌表达了自己的希冀：

> 我忽然眼中似乎看到整齐一新的钟楼，重阳佳节，居民游客，在上面凭栏远眺，按照人民喜爱的传统民族风俗来欢度节序（这也是人民幸福生活中不可少的一部分），耳中似乎听到一种响亮、沉雄、醇厚的钟声从钟楼传出，悠扬地播散开去。我仿佛看到全城无数劳动人民、家庭妇女、

> 儿童学生……都在倾听着这声响，生气勃勃地上班下班、安排工作、调度家务。又忽然似乎看到"五一"、国庆等大节日的天安门前的壮丽场面，这种钟楼上发出比平日格外响亮优美的声音，和不同的节奏，忽紧忽慢，连续撞击，为祖国敬礼、祝福；不在天安门前的人们，也都耳听着这钟声，心中激动，沸腾……

周汝昌的这个美好愿望，终究难以实现。时代发展变化，如今已经不再需要钟鼓楼为这个城市击鼓撞钟了。尽管人们感叹"钟楼哑了，鼓楼聋了"，"钟鼓楼就像一位聋哑的老人，以缄默封存住一个在人类听觉中逝去的北京"，但是历史滚滚向前的车轮终究无法阻挡。

到了20世纪80年代，钟鼓楼已经逐渐淹没在周边兴起的新式建筑中，它的空间位置意义和报时功能都无可避免地被人遗忘，但与京城百姓过往生活密切关联的历史痕迹反而得到了强化。

1984年，中国著名文学杂志《当代》在第5、第6期连续刊登了刘心武的第一部长篇小说《钟鼓楼》。小说聚焦北京一座四合院里的一场普通婚礼以及院内9户人家的日常生活。30多个人物的悲欢离合、矛盾激荡都集中压缩在一个相对静态的时空——12个小时、一座四合院。对于一部近30万字的长篇小说，这样的时空架构在20世纪80

年代的文学界确实令人耳目一新。有评论认为,这是一部具有社会学价值的学者小说,具有清明上河图式的美学特征,反映了一个社会的文化发生史。

实际上,作者展示的正是不同人物纵向的成长轨迹,并涉及钟鼓楼、什刹海、地安门大街、胡同、四合院等北京老城的特定空间。其中,钟鼓楼和四合院最为关键。小说不仅以《钟鼓楼》为书名,而且把钟鼓楼周边设置为人物活动的主要外部场域:"时间流到了一九八二年十二月十二日那一天……在钟鼓楼附近的一条胡同中,有个四合院;四合院中有个薛大娘……"这里的四合院,作为"家庭之地",表达的正是平凡琐碎的人间烟火。

刘心武毫不掩饰自己对钟鼓楼的偏爱。谈及南北中轴线上的皇城北门地安门的拆除,刘心武认为"不足惜"。甚至地安门外大街,他也认为应该改名为"鼓楼前大街","因为地安门早在解放初便已拆除,不成其为一个标志,而巍峨的鼓楼至今仍屹立在这条街北边,并且今后一定会当作珍贵的文物保留下去,所以,这条街其实不如还是叫'鼓楼前大街'的好"。

在刘心武笔下,来自乡下的杏儿逛天安门、中山公园、故宫、王府井时都没有看到钟鼓楼时那么兴奋、激动。相对于天安门的雄伟、中山公园的雅邃、故宫的威严、王府井的繁华,钟鼓楼是非常平民化的,因此能够赢得杏儿的亲近感。正如洪烛在《北京钟鼓楼的前生今世》

中所言："对于这座古老城市所经受过的漫长历史，天安门自然是它尊贵的面孔，而钟鼓楼却是它朴素的心脏。"

刘心武对钟鼓楼的钟爱很大程度上来自大众文化，这种文化已经隐含在北京城的空间结构中。钟鼓楼位于皇城北门地安门外，这里通常也被称为后门，与北京百姓的日常生活关联紧密。钟鼓楼前的街道上分布着多条胡同，胡同的两侧是一座座院落。从这个角度来看，钟鼓楼既与紫禁城形成对照，又在紫禁城的统率之下，成为皇权空间的辐射。二者同聚京城，和谐相处，构成了一种整体性的景观体系。

在《钟鼓楼》接近结尾处，荀磊对张秀藻讲，尽管以前他的历史成绩常常得满分，可是在很长的时间里他并没有真正意识到什么是历史。他说：

> 直到我从英国回来，经过万里跋涉，终于又到达这钟鼓楼脚下，一眼望见了这鼓楼后身那口废弃的铁钟时，不知怎么搞的，我的心一下子狂跳起来，眼睛发热，嗓子眼发涩，我一下子产生了一种实实在在的历史感……

为助力中轴线申遗，2019年11月，北京鼓楼修缮及展示提升工程启动，于2022年9月竣工。鼓楼一层曾经开设的旅游商店，经过腾退整治，再一次找回了一些昔日的感觉。在鼓楼内部,7个券洞呈"丰"字形分布,相互连通、明亮宽敞的历史风貌得以重现。以"时间的故事"为题,一场全新数字沉浸展向所有的来客亮相。中心券洞纵横交错的建筑空间变身为一个全沉浸式剧场。展厅内遮光帘升起,灯光转暗,提示音响起,观众循着钟鼓之声会聚于此。二十八星宿、二十四节气和古文诗句等传统文化元素一一呈现,带观众领略钟鼓楼的计时智慧与历史变迁,感受北京中轴线的时光流逝……这场沉浸光影秀,利用投影畸变矫正技术和空间定点声场,将音乐、鼓声和缤纷的影像与建筑空间结合,数字艺术赋予古建"新生"。布展坚持最小干预,遵循可识别和可逆化原则,没有向文物建筑本体揳入一根钉子。

钟鼓楼之美,不仅在于建筑本体,还在于周边平缓开阔的天际线,以及以大片青灰色房屋为基调的整体色调。为了重新找回钟鼓楼地区原有的壮美空间秩序,这次修缮工程对北海医院和东天意市场进行降层,拆除四合院屋顶违建,改造鸽子笼……随着对周边环境的整治,钟鼓楼景观视廊得到极大提升,北京中轴线北段风光尽收眼底:远处,老北京城的最高点——景山万春亭静静矗立;近处,青砖灰瓦的平房院东西延展,地安门外大街和旧鼓楼大街上车水马龙、人流如织。

在中轴线申遗保护过程中,老城的历史格局与传统风貌也不断被强化。在2022年东城区和西城区联合开展的钟鼓楼紧邻地区环境综合整治提升行动中,参考历史老照片,传统老商铺重铺屋面,恢复了原有的硬山顶风貌;一些重点建筑立面采用传统工艺做法和材料,恢复街巷风貌;钟鼓楼周边胡同开展公共设施和市政交通等的提升改造,悠然静美的胡同回来了!

万宁桥

在北京城的发展历史上，元大都城具有极其重要的地位，而此城的规划又与万宁桥有密切联系。万宁桥与大都城同时修建，位于大都城中央，可以被视为元大都的奠基石。以万宁桥为中心，确立了大都城中轴线的基点。

中轴线上有几座桥，如正阳门五牌楼下的正阳桥、天安门前的外金水桥、太和门前的内金水桥，万宁桥则是中轴线上最北的一座石桥。万宁桥，初名海子桥，因位于海子（什刹海）东岸而得名。该桥居于齐政楼南，最初为木质结构，"至元后复用石重修，虽更名万宁，人惟以海子桥名之"。余棨昌《故都变迁记略》载："万宁桥在鼓楼南，即今后门桥。金水河自此而东，南入东不压桥（旧名东步粮桥），穿皇城东南而出。"桥两侧设有简洁古朴的护栏，两端饰抱鼓石。桥西边靠桥有一水闸，建于至元二十九年（1292），初名万宁闸，元贞元年（1295）改称澄清闸。澄清闸分为上、中、下三闸，其中上闸紧靠万宁桥，中闸和下闸分别位于东不压桥和望云桥处。当初修通惠河时，因为要求速成，河上的水闸皆用木闸，不久之后即腐烂，故改建成石闸。石桥上有4尊镇水兽，东北岸的石兽雕刻简单朴素，其额下刻有"至元四年九月"字样。桥的两侧建有汉白玉护栏，雕有莲花宝瓶等图案。万宁桥北，还有一座万宁寺，始建年代比万宁桥晚38年，故又有"先有桥，后有寺"之说。

金代以前，万宁桥所在的什刹海地区本是古高梁河道上的一片天然湖泊，水面广阔，景色宜人。大定十九年（1179），金世宗下令沿其东南岸修建了宏伟壮丽的皇家行宫——太宁宫，周围广布稻田菜地，颇有江南水乡之韵。元朝将都城北移，在这片水域的东岸建立起大都城的中心，以太宁宫的主体琼华岛为核心，把三组宫殿环列在湖泊的东西两岸，构筑了皇城。水域的南半段被圈进皇城，改称太液池，成为皇家园林的神圣水脉；其北段（什刹海）则成为重要的漕运码头——海子（又称积水潭），也是南北大运河的终点。当时，沿大运河北上的船队可以通过通惠河直接进入大都城内，停泊在海子开阔的水面上。北半部湖泊的沿岸渐渐成为商业中心，也就是元大都"前朝后市"格局中的"市"。

位于什刹海一侧的万宁桥作为元大都内通惠河上的重要通水孔道，自然成为北京漕运史和什刹海兴衰史的重要见证。遥想当年，来自全国的物资商货在此处集散，可谓"舳舻蔽水"。元人黄文仲在《大都赋》描述："扬波之橹，多于东溟之鱼。驰风之樯,繁于南山之笋。……华区锦市,聚四海之珍异。歌棚舞榭,造九州之秾芬。"通惠河带来的漕运,使钟鼓楼一带成为重要的商业区域。道路两旁商贾云集,店铺林立,人流熙攘,形成繁华的"后市"。胡同里云集了达官贵戚的高宅大院与普通百姓的民居。商业的发展为文化的繁荣创造了条件。鼓楼斜街上,勾栏、瓦肆、茶楼、酒舍招幌相接,笙、管、笛、箫相和相闻,唱出了阳春白雪,也唱出了下里巴人。

元大都中轴线自万宁桥上南北贯通,桥下则有通惠河东西流过,水陆交汇,使得万宁桥成为大都城的交通枢纽,得舟楫、陆运之利,周边区域也逐渐成为市廛辐辏、商贾云集之地。桥旁酒楼林立,人来人往,热闹非凡。从南方沿大运河北上进京,不少人在万宁桥畔下船登陆;离京南下的客人,也多在此登舟,顺通惠河转大运河南下。元代诗人杨载的《送人二首》(其二)诗即反映了当时的情景:"金沟河上始通流,海子桥边系客舟。却到江南春水涨,拍天波浪泛轻鸥。"元代画家和诗人王冕所作的《送人上燕》亦写道:"燕山三月风和柔,海子酒船如画楼。丈夫固有四方志,壮年须作京华游。"

万宁桥不仅地理位置重要,而且周边风光秀丽。桥西是碧波荡漾的积水潭,宽阔的水面上,密密麻麻地停泊着来自南方的漕船;桥南北地安门大街两旁酒楼林立,高柳巨槐,迎风摇翠;桥南不远,是金碧辉煌的大内。绿水、粮船、翠树以及殷红色的酒楼，衬托着雕琢精美的白石桥，景色十分优美。元惠宗时任集贤大学士的许有壬在《江城子》词中云："柳梢烟重滴春娇。傍天桥。住兰桡。吹暖香云，何处一声箫。天上广寒宫阙近，金晃朗，翠岧峣。　谁家花外酒旗高。故相招。尽飘摇。我正悠然，云水永今朝。休道斜街风物好，才去此，便尘嚣。"他的另一首词《蝶恋花》则云："九陌千门新雨后。细染浓薰，满目春如绣。恰信东君神妙手，一宵绿遍官桥柳。　楼下兰舟楼上酒。沙暖苹香，浑似来时候。说与可人知信否，伤春更比悲秋瘦。"这些诗词，道尽了万宁桥的繁华盛景。

与北海、中南海一直属于宫城禁地不同，什刹海和万宁桥一直是开放性的区域，是百姓共享的公共湖泊和京城著名的休闲览胜之处。什刹海由一水相连的前海、后海和西海（积水潭）共三部分组成，与西苑三海相呼应，又称"后三海"，在历史上以其湖光山色与文化气韵相映、天然野趣和市井风情交融的独特风韵，吸引着无数文人墨客和京城百姓。

元代诗人张翥有《金山桥上闻苑池荷香》："立马金河上，荷香出苑池。石桥秋雨后，瑶海夕阳时。深树栖霞早，微波浴象迟。烦襟一笑爽，正喜好风吹。"这里的"金山桥""石桥"，都是指万宁桥，而诗中的"微波浴象迟"，说的是万宁桥古时的又一景观。元初，交趾、占城和真腊等地曾进贡大象，象房正建在离万宁桥不远的地方。每到六月，皇家象队都会被饲象师赶到积水潭内洗澡降温。彼时，大都百姓总会挤到桥上观看大象洗澡。元代诗人宋褧《过海子观浴象》中便有"四蹄如柱鼻垂云，踏碎春泥乱水纹"的诗句，形象地描绘了当时观众在万宁桥观看大象在积水潭内洗澡时的情景。

明代初期，都城南移至南京。由于大运河终点码头只能到东便门外的大通桥下，城市商业中心也相应地从积水潭码头向东南转移。积水潭和万宁桥附近地区樯橹连云和碧波万顷的盛况不再，开始由喧闹的商市变为居住区。不过在朱棣称帝后，又将国都迁回北京。为歌颂朱棣迁都的英明，一些文人和词臣极力歌咏北京秀美的风光，他们笔下的万宁桥也不再冷落萧条。正如胡俨《越桥》云："浩荡东风海子桥，马蹄轻蹴软尘飘。一川春水冰初泮，万古西山翠不消。何处小车联绣幰，谁家华馆拥金貂。广寒宫阙红云近，时有天香下碧霄。"

但站在万宁桥上看，随着外部环境的变化，这片区域在明朝的风景终究还是与元朝有了极大不同。什刹海、南太平湖等河湖水域周边增加了诸多王府、宅第、歌楼等建筑。许多勋臣贵族竞相在湖边修建府邸豪苑、阜园别墅。如明朝大将徐达的后人所修建的别墅定国公园，还有英国公新园、刘百川别墅、刘茂才花园、米万钟的漫园、苗君颖的湜园、杨园，以及德胜门的北湖旁的方阁老园，等等。每当暑夏傍晚,夕阳西下,水鸟云集,人们坐在湖边乘凉,迎着徐徐吹来的清风,可以听见庭院、别墅席间的管弦笙歌,还有寺庙里传出的钟磬梵唱之声。

历史上,什刹海周围不仅有码头繁华、王府名苑,而且名刹林立、寺观繁多。在这片地域,见诸记载的各种寺庙达165处,民间也流传着"十刹九庵一座庙"的说法。什刹海地区有庙宇,可以追溯到隋代的汉寿亭侯庙,唐代的火神庙、佑圣寺,元代的护国寺、广化寺。但从明代始,庙观明显增多:广福观、寿明寺、双寺、净业寺、普济寺、拈花寺、汇通寺、瑞应寺、什刹海寺、清虚观、大藏龙华寺……虽然后来清代又修建了一批寺庙,如天寿庵、三官庙、真武庙、永泉庵、丰泰庵、三元伏魔宫等,但什刹海寺庙林立的景观,主要形成于明代。这里优美的景色营造出一种别致而清幽的氛围,从而吸引了皇家和一些僧人在此建造寺庙。明人刘效祖《看莲》"雨过尘心净,风来爽气偏。净生闲自惜,不是为逃禅"和刘荣嗣《游净业寺》"尘事溪边净,游思雨后浓"均表达了在什刹海周边寺宇所获得的一番清心雅意。在水域美景的映衬下,什刹海一带的宗教文化空间格外富有禅意,可谓意蕴深厚。

除了这些寺庙庭园外,什刹海畔还有供雅集的莲花社、供清赏的古墨斋、供美食的虾菜亭……有明一代,什刹海作为京城之江南,是文人雅士的吟咏对象,被称为兼有"西湖春、秦淮夏、洞庭秋"之美。因而自明代开始,什刹海、万宁桥一带就被文人雅士视为风景绝佳的宅园之地和宴饮游乐之所。王公贵族和文人学士在此聚集,赏景、论学、集会,此处成为各个社会阶层活动的大舞台,留下了无数有形的和无形的文化印迹,包括园林建筑、民俗风情、文学艺术等。颇具代表性的有茶陵诗派代表人物李东阳"西涯"咏怀,有公安派袁氏三兄弟的士人结社,等等。袁中道在万历年间便有《火神庙小饮看水》赞之曰:"作客寻春易,游燕看水难。柳花浓没地,鸥貌静随湍。歌舞几成醉,尘沙不入澜。石桥明树里,谁信在长安。"还有进士米万钟的漫园营建和游园集会等。也有一些诗人登桥追思往事,如宋讷《壬子秋过故宫》诗云:"黄叶西风海子桥,桥头行客吊前朝。凤凰城改佳游歇,龙虎台荒王气消。"

水乡胜境,人之所趋。半日之游,常年定居,各得其所。达官显贵在三海之滨营建别墅,儒释道三家同聚于此。"智者乐水",必然环水而居。这一精英群体的思想观念、审美品位、生活方式、日常举止对周边区域的社会生活具有重要的引领示范作用。什刹海地区由元代的商业区演变为明代的文化区,乃是时代之使然、形势之使然、水文化之使然。

更值得赞叹的是,明代的万宁桥周边虽然文气鼎盛,但商业市井的烟火气却依托不远处的钟鼓楼巧妙地保留了下来。这是由于明代继承了元大都的城市格局,北京城的轮廓和元大都基本重叠。出于对水系和中轴线的使用，明成祖新建的紫禁城位置和被毁的元宫城大致相同。明初，政府就开始在前门外等地建"廊房"。《人海记》记载："北京四门钟鼓楼等处各盖铺房店房，召民居住，召商居货，总谓之廊房。"如果说钟鼓楼周边区域是元政府按照儒家思想规划出来的市场，那么到了明代，这一带则是在政府推动经济和人口发展的政策下形成的。明代的鼓楼商业街区，没了漕运终点的港口功能，没了国际贸易方面的市场功能，也没了如都城隍庙那样大型且具有全市影响的庙市，但如此一来，反倒使其街市的特点更为突出。

这里紧依什刹海又融入什刹海，既有湖光水色的自然风光，又有寺庙、官宦宅第，还有海子里的稻田、莲舟和岸边的"农家"。一些茶棚酒肆就散落在什刹海湖畔。即便是鼓楼街上，也多有茶馆酒铺。较之元代，商业与游赏休闲相结合的特色有过之而无不及。明代的鼓楼一带，堪称都城中的北国水乡商业街区。明代文坛领袖李东阳称赞什刹海为"城中第一佳山水"，于敏中等编纂的《日下旧闻考》则誉之为"都中第一绝处"。盛夏时节，此处景色最为优美，蒲荷掩映、凫鸟纷飞、屏山叠翠、晓青暮紫，极富诗情画意。河堤上与柳荫下纷纷摆开酒肆、茶社、杂食摊和曲艺棚子，吸引着多方人士来此把酒临风、品尝美味，为美景佳艺而沉醉。

明亡清兴，什刹海地区的明代府第、亭园和寺庙同样经历了沧桑巨变，或转变，或留存。清代对于北京内、外城的使用，成了统治者政治上的一种策略。"旗民分治"政策使北京城在空间使用上发生了巨大的变化，内城（即北城）变成了兵营，也就是八旗驻地，禁止商业及娱乐活动。原本在内城的灯市迁到了正阳门外，但内城的商业活动并未完全消失。乾隆二十一年（1756），在包括鼓楼一代的镶黄旗和正黄旗地界上就已经出现了商铺，有酒馆、烟梗店，地安门外还有鲜果店。

但是万宁桥周边风景所具有的吸引力，依然让新一代的王府、大院、花园再次兴起，并随着时间而演变、生灭、盛衰、变幻。清代的什刹海、万宁桥附近，先后出现了恭亲王府、醇亲王府、庆亲王府、庄王府、阿拉善王府、涛贝勒府、棍贝子府、德贝子府以及纳兰性德的渌水亭、恭亲王的鉴园、盛怀宣的盛园等。什刹海的别墅风景区渐渐地转移到了前、后海。许多官邸、豪宅在建筑格局上多采用借景的手法，对朝向什刹海的一面门脸往往精雕细刻，砌一座整砖平摆的垂花门或者在临湖的院墙上开着扇形、桃形，或圆或方的透窗，如此可以一年到头，从早到晚望尽湖光山色。而院内楼房的窗户也大多向着湖面，以便观赏盛夏时节的荷花。这些借景建筑进一步烘托了什刹海原有的自然景观，并被文人们描绘、发挥到了极致。清代万宁桥畔风光无限，有竹枝词曰："地安门外赏荷时，数里红莲映碧池。好是天香楼上座，酒阑人醉雨丝丝。"

由明到清，人物虽变，建筑虽异，但京城江南的秀丽与温柔仍旧。

民国时期，万宁桥头的地安门外已经成为普通市民最爱光顾的商业街之一。在当时人的回忆中，万宁桥（当时更多称为后门桥）附近的后门大街方砖厂胡同的狮子会很有名。每当走会的时候，练大小狮子的，总会在万宁桥的石桥栏上表演狮子戏水，十分精彩。朱光潜先生发表于1936年的《后门大街——北平杂写之二》一文可以让我们一窥其热闹景象：

> 一到了上灯时候，尤其在夏天，后门大街就在它的古老躯干之上尽量地炫耀近代文明。理发馆和航空奖券经理所的门前悬着一排又一排的百支烛光的电灯，照像馆的玻璃窗里所陈设的时装少女和京戏名角的照片也越发显得光彩夺目。家家洋货铺门上都张着无线电的大口喇叭，放送京戏鼓书相声和说不尽的许多其他热闹玩艺儿。这时候后门大街就变成人山人海，左也是人，右也是人，各种各样的人……

20世纪40年代前后，万宁桥的桥栏仍旧完好，桥墩上有石雕螭状水兽，桥下河道仍存。河道由桥下向东延伸，经过一片空地后，至东皇城根福祥寺胡同口外，经东不压桥入东吉祥胡同北河沿。雨季尚通流水，两岸居民于此放养鸭群。部分河段尚有白石栏杆，桥的拱形也十分明显。位于万宁桥西的澄清闸在新中国成立初期仍露出地面。

1953年，在石闸西边又修建了一个混凝土闸，代替了原来的石闸。1955年，因扩建道路，澄清闸被埋入地下，河道改为暗沟；为了方便交通，桥也改成了微拱形。1984年，万宁桥被确定为北京市重点文物保护单位。2000年，万宁桥被大规模修整，清理淤堵多年的河道后，似乎也找回了一丝数百年来吸引无数人的万宁桥景观。

地安门

地安门,俗称后门,是北京中轴线上的标志性建筑之一,也是明、清皇城四门之一的北门。地安门位于皇城北垣正中,南朝景山,北对鼓楼。明朝时,地安门最早叫北安门,又名厚载门,清顺治时才改称地安门,和天安门对应,意为"天地平安,风调雨顺"。凡皇帝北上出征巡视时大多要出地安门,亲祭地坛诸神时也从此门出城。

地安门始建于明永乐十八年(1420),弘治十六年(1503)二月重修,隆庆五年(1571)修葺,清顺治九年(1652)重建。目前根据"样式雷"的地安门烫样可以看到,地安门属砖木结构的宫门式建筑,黄琉璃单檐歇山顶,面阔七间、进深两间,中明间及两次间为通道,门上安门钉九路。此外,地安门内左右两侧还有雁翅楼。据清康熙年间制作的《清皇城宫殿衙署图》,地安门内南北两端共有四座雁翅楼,左右对称排列。其中,东北、西北方的两座雁翅楼均为13间,东南、西南方的两座雁翅楼均为曲尺状,均为18间。雁翅楼分上下二层,原为内务府满、蒙、汉上三旗公署。①

地安门除作为北京中轴线上皇城北门出名外，更引人关注的还有以之命名的地安门大街。现如今，根据地安门演变而来的有四条大街，即地安门内大街、地安门外大街、地安门东大街和地安门西大街。前两条为南北方向，后两条为东西方向。四条大街的交会点，正是当年地安门所在的位置。由于地安门位于北京中轴线上，所以南面直对着景山最高亭，北面朝向京师的谯楼——钟鼓楼。

在明朝，地安门内大街属皇城范围，主要分布着为紫禁城服务的后勤保障机构。地安门内大街路东，南北分别是尚衣监、司设监，再往东有司礼监、针工局、巾帽局、皮房、纸房、酒醋面局、内织染局、火药局等；大街路西则是内官监，主要负责皇家营建工程，兼管米盐库、营造库等。地安门东南附近设有安乐堂，为宫廷太监患病养体之所。"皇城外红铺七十二座，铺设官军十人。"红铺是警卫皇城的哨所，有专门的官军环城巡警。明朝皇城门禁森严，会对出入人员进行盘查，同时限定出入时间，非寻常百姓所能涉足。

到了清代，皇城外用于看守的红铺减少为16座，皇城内的景象也与明朝不同。清人吴长元在《宸垣识略》中

---

① 史可飞等：《地安门雁翅楼历史文化述略》，《北京文博论丛》2014年第4期。

记载："今皇城内居民甚稠，故东安、西安、地安三门闭而不锁，民有延医接稳者，不拘时候。"由于地安门内大街两侧的明朝衙署在清代多被裁撤，因而有了大量空地布置民居，这一带甚至成了街巷与胡同的密集区。除民居外，承接明朝内监衙署的主要是清代内务府库司以及众多祠庙、寺观。原尚衣监旧址建玉皇庙，司设监旧址建慈慧殿，此外还建有大佛堂、观音庵及多个真武庙。这些坛庙寺观反映了清朝统治者和八旗军民对汉地祭祀与信仰体系的承袭。

在《乾隆京城全图》中，可以从当时胡同的命名中找到明朝衙署的痕迹，如内官监胡同、司礼监胡同、碾子胡同、巾帽局胡同、内织染局胡同、蜡库胡同等。地安门内大街两侧保留下来的宫廷服务机构有米盐库、花爆作、帘子库等。花爆作负责制作烟花爆竹，而帘子库则用于存放夏季供皇宫使用的竹帘，延续了此前司设监的部分职能。司设监在明代负责保存卤簿仪仗、围幕褥垫、冬夏帘子、凉席、帐幔，以及下雨时所需的雨袱子、雨顶子、大伞之类。据明朝宦官刘若愚称，该衙门"事最烦苦"，远不及内官监"有盈余肥润"。

从位置上来看，地安门内大街虽位于皇城之内，却在紫禁城的后侧，与西苑的美景、太庙的巍峨及天安门前分布的重要国家机构相比，显得很不起眼。但作为后勤保障的重要组成部分，这里却是维持紫禁城正常运转不可或缺的存在。此外,地安门还是皇家的逃生之路。光绪二十六年(1900),八国联军入侵北京时,慈禧太后带着光绪皇帝就是出地安门,再走德胜门,逃去西安。

民初时候,地安门只剩下了孤零零的一座城门。但地安门两侧的雁翅楼还是在清逊帝溥仪遣散宫中太监时发挥了一些作用。据溥仪的堂弟溥佳在他1964年的回忆文章中写道:

> 由于绝大部分太监在北京没有家,若叫这数百名太监流落街头,未免有碍北京的治安。于是又把王怀庆、薛之珩找来,商量处置的办法。议定由内务府筹措一笔遣散费,北京有家或有亲朋投宿的,即刻携带行李出宫;实在无处投奔的,暂时住在地安门内大街雁翅楼内,待领到遣散费后,再各自回乡。
>
> 7月下旬,内务府筹妥了遣散费,就在雁翅楼里会同军警人员开始发放。综计这次裁撤的太监,共有700多人,首领每人发200元,一般太监发20元。这些太监除北京有家的外,其余有的搬到了庙里,有的回到原籍;还有300余人仍旧住在雁翅楼内。我每天到宫内经过这里时,总看见不少衣衫褴褛的太监在廊下生火做饭,极像逃荒的难民,其状颇为凄惨。后来军警怕他们引起火

灾，屡次驱逐他们离开，直到1924年春，才先后散净。①

除了服务紫禁城内的皇室外，地安门一带也有其市井的一面。清代北京的城市格局依然呈现"前朝后市"的特点，所以地安门一带一直是重要的商贸场所。据说，地安门外大街最热闹风光的时候就是清代。因为当时这一带正好是正黄旗和镶黄旗的驻地，一些年老出宫的太监通常会居住在钟楼后的娘娘庙里。这些人一般都很富有，出宫养老极其讲究。因此，做生意的人都争先恐后地在这条街上开店铺，使得当年这条街上的商业异常繁荣。当然这种说法也只是市井笑谈，毕竟这片区域地处北京中轴线上，又邻近繁华的万宁桥和钟鼓楼等地，商业兴旺自非难事。

到了民国，地安门外大街依然是北京城最热闹的街道之一。当时流传的北京最繁华街道，无论是"东四西单鼓楼前"还是"东单西四鼓楼前"，不变的始终是"鼓楼前"的地安门大街（俗称后门大街）。不过毕竟经历了改朝换代，居住在此的八旗子弟大多家道中落，只能变卖家中祖物。那些破落户的破铜烂铁遂不断地被送到后门的古玩铺

---

① ［英］庄士敦著，富强译：《紫禁城的黄昏》，译林出版社，2016年，第345—347页。

和荒货铺,于是这里出现了十几家古玩铺和一些旧书店。当年,家住后门内慈慧殿三号的朱光潜就经常在此闲逛:"心情正如钓鱼。鱼是小事,钓着和期待着有趣,钓得到什么,自然更有趣。"

类似的事情,以及民国时期地安门外"成年累月,日日繁华"的情景,在翁偶虹的《鼓楼三条街》中也有提到:

>先不谈这条大街两旁的大字号的买卖,单说这条街的东西便道,鳞次栉比地摆满了小书摊、挂货摊、小吃摊、玩具摊。小书摊小得非常可怜,大也不过席把丈地。卖的旧书,都是个体商于星月之晨,在德胜门晓市上"抓"来的,买价很低,售价微微,完整的一套《镜花缘》只花六个铜板就能买到。零散书册,一枚两枚即可到手。卖书的并不懂得书的版本和价值,所以时常"漏货",我也时常买到"俏货"。
>
>在书摊之间,夹杂着几个挂货摊,所谓"挂货摊"是从挂货屋子衍变而来的。北京四城,从前都有次于古玩铺的挂货屋子,所售虽有低档古玩,实以逊清的朝服、官帽、顶、翎、朝珠、氅衣、衬衣、八件、扇套、表套、槟榔荷包,跟头褡裢、烟袋荷包、眼镜套、香袋、烟壶袋——以及祝贺弥月的"铃铛寿星"、花盆底旗鞋、梳旗头

鬏戴的"困秋"等淘汰品为主。挂货摊也有小件的"八件"和破旧的瓷器,残缺的文房四宝,养蝈蝈、油葫芦的葫芦,低档的鼻烟壶,以及日用所需的杂物,错综杂陈,遂袭挂货屋子之名,而曰"挂货摊"。①

和翁偶虹充满童趣的回忆不同,朱光潜眼中的地安门大街又是另一番味道:

> 北平的精华可以说全在天安门大街。它的宽大,整洁,辉煌,立刻就会使你觉到它象征一个古国古城的伟大雍容的气象。地安门大街恰好给它做一个强烈的反衬。它偏僻、阴暗、湫隘、局促,没有一点可以叫一个初来的游人留恋。

不过,朱光潜只要一出门,就很机械地走到后门大街,因此也增加了很多亲切感:

> 它对于我好比一个朋友,虽是平凡无奇,因为天天见面,很熟习,也就变成很亲切了……在

---

① 翁偶虹:《鼓楼三条街》,北京什刹海研究会、什刹海风景区管理处编著:《诗文荟萃什刹海》,北京出版社,1998年,第439—441页。

后门大街上你准碰不见一个熟人,虽然常见到彼此未通过姓名的熟面孔,也各行其便,用不着打无味的招呼。你可以尽量地饱尝着"匿名者"(Jucognsio)的心中一点自由而诡秘的意味。

充满了市井气的后门大街,最富于生命和变化的时候是上灯后,尤其是夏天。朱光潜在《后门大街——北平杂写之二》中记述说:

> 在这种时候,后门大街上准有我;在这种时候,我丢开几十年教育和几千年文化在我身上所加的重压,自自在在地沉没在贤愚一体,皂白不分的人群中,尽量地满足牛要跟牛在一块儿,蚂蚁要跟蚂蚁在一块儿那一种原始的要求。我觉得自己是这一大群人中的一个人,我在我自己的心腔血管中感觉到这一群人的脉搏的跳动。

当时,朱光潜曾多次在此组织读书会,邀请各界名流参加,如来自清华的朱自清、俞平伯,来自北大的梁宗岱、罗念生、叶公超,还有冰心、凌淑华、林徽因、沈从文等。

当然,时代的变迁,同样在地安门留下了一些痕迹。地安门作为原皇城的北门,民国年间为修建大明濠排水干线,曾拆除皇城的西、北、东三面城墙,用城砖砌筑排水暗沟。从此,地安门便孤零零地存在于地安门内外大街和北皇城根大街交叉口中央。北平和平解放前,地安门属于北平工务局所管设施,是北城养路道班的工具房。北平和平解放后,北京市建设局接管地安门,分配给工程六队,仍做工具房。至于地安门内的雁翅楼,据学者考证推测,自清末开始便被逐渐拆除,拆除顺序应该是先北后南,至20世纪50年代已基本消失。

1954年底,为了疏导城市交通,市政府行政会议批准将地安门拆除。当年拆除地安门的门窗、木梁、木柱、木柁、木檩都一一编号登记造册,连同砖石琉璃瓦等统统运往天坛,计划在天坛北坛上门内照原样移建一座地安门。但天坛内后来发生火灾,堆垛在那里的木质材料全部化为灰烬,地安门重建一事就此搁浅。

地安门的重要性在于它是皇城四门之一。如果地安门能够复建,就会使中轴线更加完整。正如单霁翔所说,随着建筑能力的提升,有一天可能妥善解决各种问题,使地安门能够复建。当然,复建的前提是兼顾城市交通和城市环境。今天,无论是对交通还是对环境的认识都在不断深化。几十年前,还想象不到地下空间的利用。过去平安大街建设得很宽阔,现在中间也在增加绿化带。

值得期待的是,随着交通设计和建设能力的变化,终有一天能够妥善解决现存问题,使地安门重新出现在北京的中轴线上。

景　山

景山，又称万岁山、煤山，位于中轴线北段紫禁城外的正北方，是明清时代封建帝王的御园。景山从辽代堆山，金代建园，逐步成为北京中轴线的重要节点。从景山眺望，中轴线两侧形成平缓开阔的格局，装点着北京城壮美的天际线。

金元时期，北京即有万岁山，但与后来明清时期的万岁山并非一处。《日下旧闻考》记述："金元之万岁山在西，而明之万岁山在北也。"辽太宗耶律德光修建瑶屿行宫时，将开挖的泥土堆放在此形成土山。金代在中都北部修建太宁宫，开凿西华潭（今北海）。此时，园称北苑，山称镇山。元代忽必烈建元大都时，以镇山为基准点修建皇城，并将镇山改名青山，建有延春阁等建筑。《马可波罗行纪》描写了太液池、金水河、万岁山一带的风光：

> 由此角至彼角，有一湖甚美，大汗置种种鱼类于其中，其数甚多，取之惟意所欲。

> 北方距皇宫一箭之地，有一山丘，人力所筑。高百步，周围约一哩。山顶平，满植树木，树叶不落，四季常青。
>
> 山顶有一大殿，甚壮丽，内外皆绿，致使山树宫殿构成一色，美丽堪娱。凡见之者莫不欢欣。大汗筑此美景，以为赏心娱乐之用。①

明永乐年间修建北京城，由于北、南城墙位置的变化，从整个平面布局看，元大都以中心台为全城几何中心的标志已不复存在。在修建紫禁城的过程中，元代后宫延春阁的故址就处于紫禁城北墙外。出于风水方面的考虑，将开挖护城河的泥土及拆除元朝宫殿遗址的渣土堆积其上，所以山丘便逐渐成为一座由人工堆筑为主体的土山。万岁山中峰所在之地，正是延春阁旧址。通过人力去塑造出整个北京城的最高点，既满足了宫城"倚山面水"的布局要求，也不无暗藏厌胜前朝"风水"之意。

永乐十八年（1420），这座新出现的土山被定名为万岁山，此后陆续修建了亭台、楼阁、殿宇，并在山上种植松柏、花草。《万历野获编》载："今京师厚载门，南逼紫禁城，俗所谓煤山者，本名万岁山，其高数十仞，众木森

---

① ［法］沙海昂注，冯承钧译：《马可波罗行纪》，商务印书馆，2012年，第183—184页。

然。相传其下皆聚石炭，以备闭城不虞之用者。"这正是景山无煤却被称为"煤山"的由来。

万岁山上，五峰并峙，奇峰突起，主峰恰好位于北京内城南北两城垣的中间，不仅是北京城的制高点，也是全城对角线的中心点。侯仁之曾论证说，万岁山在北京城的整体平面设计上，还有更为重要的一项现实意义，它的中峰代替了原先大都旧城的中心台，而成为北京新城的几何中心。万岁山中峰位置的选择，既在全城中轴线上，又是内城南北两墙的正中。这个人为的制高点，在整体的宫阙建筑上虽然没有明显的实用价值，却具有突出的象征意义。它企图在一种类似几何图案所具有的严正而又匀称的平面设计上，凭借一个巍然矗立的实体，彰显封建帝王至高无上的尊严。

至明代中后期，在万岁山南北地势平坦的处所，明朝皇室又修建了亭台、楼阁、殿宇，并在山下遍植果木，通称"百果园"。山上栽种松、柏、槐等树，并饲养麋鹿仙鹤等寓意长寿的珍稀动物。《明宫史》记载，当时"山上树木葱郁，鹤鹿成群，呦呦之鸣与在阴之和互相响答，可并闻于霄汉"。不仅如此，园内还有苍松翠柏、繁花丛草，清幽怡人。初夏四、五月间，皇帝来山前插柳，为踏春赏花之所。山北多牡丹、芍药，为帝后赏花、饮宴之地，重阳则多来此登高，饮菊花酒，以应节祈寿。山顶建有玩芳亭，后改称玩景亭、毓秀亭，又有长春亭、万福阁、集芳亭、会景亭和集仙室等建筑。文徵明曾经作诗赞美此地："日出灵山花雾消，分明员峤戴金鳌。东来复道浮云迥，北极觚棱王气高。"登临景山南望，可一睹紫禁城全貌，宏大的外朝三大殿和内廷三宫均深藏于戒备森严的高墙内。

清初宋起凤在《稗说》中记述，万岁山"居禁城之北，非生而山也，乃积土为之。其高与山等，上植诸木，岁久成林，逾抱。山亦作青苍色，与西山爽气无异。登山则六宫中千门万户与嫔妃内侍纤细毕见，虽大珰不敢登。上纵放麋鹿仙鹤，山下垣以石堵，建亭于山麓之中，额曰万寿。地平坦，可以驰射，先朝列庙无有幸者，独思宗（崇祯帝）岁常经临焉。上每御是地，辄遣禁军操演，以观其技"。不过，崇祯帝虽力图振作，但仍难挽国势日衰的命运。李自成率军攻入北京后，走投无路的崇祯皇帝只得走出玄武门，自缢于万岁山东麓的槐树上，以个人的悲剧形式见证了明代国运的落幕。嘉庆年间，天津樊间青《燕都杂咏》中有诗云："巍巍万岁山，密密接烟树。中有望帝魂，悲啼不知处。"民国时期，唐弢在《帝城十日》中记道：

> 自东路循级而下，山麓有古槐一，围一短墙，立石曰：明思宗殉国处。自甲申迄今，适为三百年，今年三月，北人另立一纪念碑，由傅增湘撰

文,树于原碑之旁。我们凭吊了一回,虽然有些感慨,可是"吟罢低回无写处",倒不如索性藏拙了。

明清鼎革,北京依然是都城。顺治十二年(1655),万岁山改称景山,典出《诗经·鄘风·定之方中》:"望楚与堂,景山与京。"明清两代,景山一直作为十分重要的皇家宫苑服务于帝王。康熙二十五年(1686)建立的景山官学,是内务府下设专门教育内三旗包衣子弟的学校。在200多年的运转中,景山官学的设置和运行逐渐完备化、制度化,其建立发展的过程与清代各朝文教、吏治和皇室运行密切相关。乾隆帝曾在《御制白塔山总记》中,将景山喻为皇宫之屏障。每年重阳节之时,他总会由亲信大臣陪同,到景山御园山顶上饮酒赋诗,登高为乐,有时在园中"视射较士"及赏花等。实际上,景山发展到乾隆时期,已经成为集儒学、道家、官学、佛教、射校、祭祀、游赏等多种功能于一体的综合性御苑。

不仅如此,清代皇室也对景山景观做了一些添置营造。如乾隆十六年(1751),在景山的五座山峰各建一座佛亭,自东向西依次命名为周赏、观妙、万春、辑芳、富览,其中以中峰的万春亭规模最大。万春亭位于中间的主峰,是景山最高点,位于南北城垣的中点,是俯瞰紫禁城的绝佳位置。站在亭中,紫禁城内的景物,尽收眼底。林

语堂曾这样描述:

> 鸟瞰城市的最佳方法也许就是从宫殿后面煤山上的亭子里向下看。此处是这一带的最高点……能对整个城市一览无余。向下望去,皇城的绮靡光彩和壮丽辉煌展现于眼前。

清代帝王对于景山优美的景色多有御笔题咏,如康熙帝所题《初秋景山》载:"新凉树色向金天,御辇遥停蔓草边。盛暑已过销夏日,清风才到有秋年。高临三殿九重阔,下看千家万户连。薄暮山亭观射毕,回宫复道起苍烟。"另一首《九日幸景山登高》中言:"秋色净楼台,登高紫禁隈。千门鸣雁度,万井霁烟开。翠拂銮舆上,云随豹尾来。佳辰欣宴赏,满泛菊花杯。"此外,雍正帝曾在驾临景山观杀虎后题诗一首:"山拥黄扉壮,林开碧殿隈。雄风生虎腋,腥雾袭龙衣。血溅雕戈劲,弧张利爪摧。桓桓争奏技,敛手有余威。"

景山北侧,还建有祭祀功能的建筑,即寿皇殿。寿皇殿内原供奉有皇室祖先画像,不仅是景山非常重要的建筑,更是北京中轴线上的重要点位。在这条极具韵律的中轴线序列上,景山成为分隔前后空间的最重要节点:前面的旋律跌宕起伏,大开大合,后面的旋律宁静温婉,荡气回肠,而寿皇殿建筑群恰似引领下一乐章的序曲,起到承前启后的重要作用。无论在建筑形象还是在文化精神层面，寿皇殿都起到了画龙点睛的效果。

寿皇殿始建于明代，原来的位置并不在中轴线上，而是在景山中峰东北。明代《酌中志》记载，景山后之寿皇殿一带，规制细节如下：

> 北中门之南，曰寿皇殿，右曰育秀亭，左曰毓秀馆，后曰万福阁，俱万历三十年春添盖，曰北果园。殿之西门内，有树一株，挂一铁云板，年久树长，遂衔云板于树干之内，止露十之三，诚古迹也。殿之东曰永寿殿、观花殿，植牡丹、芍药甚多。曰采芳亭、会景亭，曰玩春楼，其下曰寿安室，曰观德殿，亦射箭处也。与御马监西门相对者，寿皇殿之东门也。[①]

清军入关之后的100多年间，寿皇殿始终维持着明代的建筑格局与位置，形制未做更改，顺治之后，其实用功能逐步得到强化。从最初短暂停留顺治帝棺椁到雍正帝开始在殿中供奉顺治帝和康熙帝的画像，再到乾隆帝不断地宣扬造势，寿皇殿最终发展成为清代地位最高、最具代表性的皇家祖庙。

---

① 刘若愚：《酌中志》，北京古籍出版社，1994年，第138页。

乾隆十四年（1749），清皇室在景山重修寿皇殿。移建后的寿皇殿，位于景山北部正中，遥对景山中峰。这样的移位与紫禁城的中轴线相重合，使寿皇殿的地位更加突出，而且较之前的寿皇殿规模扩大了许多。在寿皇殿院内的东南和西南角，分别用黄琉璃瓦砌筑焚帛炉一座。在寿皇殿的两重围墙之间有井亭、神厨、神库等，都是祭祀用的建筑。这些附属建筑，都类似太庙的规制。寿皇殿改建完成后，乾隆帝曾先后将努尔哈赤、皇太极等皇帝的遗像，由宫中移到寿皇殿供奉。自此，景山寿皇殿、内廷奉先殿和圆明园安佑宫便成为京城清廷供奉已故帝后遗容的三处重要地方。

嘉庆二十五年（1820），清廷重新对寿皇殿东、西三座神龛进行油饰；光绪十八年（1892）再次大加修葺。寿皇殿作为中轴线上连接宫城和内城的重要枢纽，既具备内城建筑的恢宏气魄，又处于常人观察的视线之内；既能展示九鼎之尊的帝王之气，又能向天下昭示孝悌为先的治国理念。此外，在中轴线上设立祖庙，能够丰富中轴线的建筑功能，使其不仅在建筑体量、空间形态上富有变化，也在使用性质、功能利用上更加多元。

除了实体建筑外，乾隆时期对中轴线区域的礼制也进行了大力规范。中国祭天制度始自西周，延续两千多年，至清代继续发展完善。乾隆帝在康熙、雍正两朝文治武功的基础上，进一步推动了多民族国家的统一，其在位时期国运昌隆,"康乾盛世"达至鼎盛。乾隆帝对祭祀的各类仪制进行了重新规范,加强了对祭祀乐舞生的训练和管理,对祭天器具外形材质重新制定标准。乾隆帝更定后的祭祀仪制,不仅造就了中轴线区域礼制文化的高峰,而且最终延续至清末,在祭祀制度发展史上起了重要作用。

中国自古就有男耕女织的传统,皇帝对此非常重视。《春秋榖梁传》载:"天子亲耕,以供粢盛,帝后亲蚕,以供祭服。"景山是比先农坛更早的一处皇帝亲耕场所。《析津志》载:"厚载门松林之东北,柳巷御道之南有熟地八顷,内有田,上自小殿三所,每岁,上亲率近侍躬耕半箭许,若耤田例。"至今,景山仍然保留着元代皇帝的亲耕田,元代的灌溉水系、粮仓、官砝、水碾遗物、水井等。

元、明、清三代的皇宫均依托景山而建。景山作为皇宫依托的对象,体现了中华民族传统文化中风水观念的最佳形态。此外,它对于维护封建统治和城市安全也具有特殊的象征意义。

辛亥革命后,按《优待清室条件》的规定,景山仍由居住在紫禁城内廷的逊清皇室管理使用。但逊清皇室此时已无力顾及,致使景山一度荒芜。1924年11月,溥仪被驱逐出宫之后,景山作为清室财产,由清室善后委员会接管。1925年8月,《社会日报》公布了北京市民姜绍谟等120人致清室善后委员会函,请求开放景山,公诸当世,以免胜迹荒颓:

> 查景山地处北京中央，高可俯瞰全城，松柏苍古，风景怡人，最适于公共游览之用。旧为清室占据，不使开放。弃置多年，日就圮废，京中人士莫不深惜。去岁义军反正，废帝出宫，禁城悉由贵会保存，景山攸归国有，此实开放良机，急宜公诸国人。同人等居近景山，渴望之情尤切。用敢为贵会陈请，请即日开放作为公园。既为民众开一游览之区，又可藉以时加修葺，不致使胜迹有荒颓之憾，一举两得，实为公便。①

1925年10月，故宫博物院成立，景山由其负责管理。1928年，景山经过修葺整理，以公园形式对外开放，但寿皇殿、观德殿等殿宇未作开放景点，仍由故宫博物院管理使用。此后，故宫博物院筹措一定数量的工程经费，对景山进行了大规模修缮，包括景山门外的马路、四周的围墙，园内的绮望楼、山峰上的五座亭子和寿皇殿、观德殿等建筑，并先后进行了路面修筑，内外墙修砌，楼阁殿亭瓦顶拔草、揭瓦，木架油漆彩画以及修整上下山的道路等工程数十项，同时还补种松柏树、栽植花草等。1930年，在景山东山脚下明崇祯帝自缢的地方立了"思宗殉国碑"，以志追念。

---

① 《市民请开放景山，胜迹荒颓殊为可惜》，《社会日报》1925年8月27日。

在景山南门北上门与神武门之间，沿着紫禁城护城河墙北侧，原本有一条东西走向的窄路。它是辛亥革命后，为方便城区东西方向通行而开辟的一条简易马路。由于路面极狭，这里只能供行人与小型车辆通过，大型交通工具通过十分困难，加之地面为土路，若遇雨雪，泥泞不堪。故宫博物院和景山相继对外开放后，随着过往通行车辆增多，经常导致道路阻塞。20世纪30年代，北平市政府在景山门与北上门之间，将原有旧路拓宽，新开辟了一条东西走向的柏油马路，使东、西城区之间的通行更加顺畅。经过这次改造，原为景山南门的北上门与景山门之间被路面隔开，原北上东门与北上西门则被拆除，北上门成为进入紫禁城神武门的一道外门。

自从景山正式向民众开放后，这里的风景也在帝王吟咏之后，逐渐引起一些文人学者的欣赏和思考。唐弢在登上景山，自中亭南望看到的是："朱门绮户，红砖绿瓦，整齐中略显荒芜，已有一点没落的意思了。"郑振铎站在景山的最高处向远处望，则发现"东交民巷使馆区的无线电台，东长安街的北京饭店，三条胡同的协和医院都因怪不调和而被你所注意。而其余的千家万户则全都隐藏在万绿丛中，看不见一片瓦，一屋顶，仿佛全城便是一片绿色的海。不到这里，你无论如何不会想象得到北平城内的树木是如何的繁密；大家小户，那一家天井不有些绿色呢"。许地山在《上景山》一文中说，无论哪一季，登景山最合宜的时间是在清早或下午三点以后,"晴天,眼界可以望朦胧处;雨天,可以赏雨脚的长度和电光的迅射;雪天,可以令人咀嚼着无色界的滋味"。他看着那"皇宫一所一所排列着非常整齐",感慨:"怎么一个那么不讲纪律的民族,会建筑这么严整的宫廷?"邓云乡在《禁城记趣·景山》中形容:"登山一望,不但一片琉璃瓦的紫禁城尽收眼底,即九城烟树,亦均在望中矣。"旅美作家张北海在小说《侠隐》中写到主人公李天然与巧红冬日游览景山公园,在万春亭上登高远望,"北边是那条笔直的地安门大街和过去不远,峙立在北端的鼓楼。旁边是那一片白的什刹前海、后海、积水潭。往南看过去,从脚底下一层层,一堆堆的宫殿,白白一片的北海、中海、南海,可以一直望到前门外",古都的恢宏庄严尽收眼底。

从景山至钟鼓楼,全长超过2公里。它紧紧承接"前朝"皇城,一直延伸到繁华的"后市"。在高耸的钟鼓楼之下,什刹海与统摄皇城的景山以及方正规矩、等级森严的紫禁城,体现了人工与自然的完美融合。对紫禁城南北空间来说,宫城轴线序列已经足够完整,景山北面的地安门及钟鼓楼只是作为轴线的延续将宫城与内城贯穿起来,达到南北呼应的效果,有统摄全局的意义。

1937年北平沦陷后,景山各处的修缮工程大大减少。抗战结束后,北平市政府也无暇顾及景山的修缮工作。1948年初,故宫博物院曾在观德殿内筹办职工子弟小学。

当年12月解放军包围北平后，景山被国民党军队占用。1949年，北平和平解放。经过重新修整，景山于1950年6月恢复开放，并将故宫图书馆太庙分馆的图书阅览室移至景山绮望楼对外开放，历经500余年的景山得以在新的时代发挥出更大的作用。

1950年11月，景山整个建筑划拨给解放军卫戍部队使用。1955年3月，景山由北京市园林处接管。1955年8月29日，国家文化部文物局指示，将景山公园寿皇殿院内全部建筑交北京市少年宫使用。

新中国成立后，中国一批批专家学者、社会知名人士组团访问苏联，少年宫往往是苏联方面安排的必备考察项目。少年宫建筑之宏伟、活动之丰富、设备之完善，令访问者惊叹。许多人从苏联回国后写文章、写信给报社和相关部门领导，呼吁在国内尽快成立少年宫。1953年1月，结束欧洲访问的宋庆龄在返国途中应邀前往苏联，回国后立即着手成立少年宫。1953年5月31日，在庆祝六一儿童节的晚会上，宋庆龄领导的中国福利会决定在上海建立中国第一所少年宫——中国福利会少年宫。

上海创办少年宫后，北京也开始了筹建少年宫的工作。考虑到选址应该尽量在市中心，新民主主义青年团北京市委首先选中的是故宫中的慈宁宫。时任故宫博物院院长的吴仲超认为慈宁宫面积有限，不利长远发展，推荐了荒废已久的景山公园。得到北京市委书记彭真的批复后，景山公园的园林部分开放供市民参观，寿皇殿宫群及东北、西北部则交由北京市教育局和团市委筹办少年宫。

1954年11月2日，经彭真批准，景山公园被辟为北京市少年儿童文化公园，设立北京市少年宫。1955年3月15日，征询建筑工程部苏联专家意见的座谈会在建工部专家会议室举行。苏联专家巴拉金谈了在景山修建少年宫的有利条件：（1）景山位于市中心区，交通比较方便；（2）景山附近交通也不复杂，对保障少年儿童安全也有好处；（3）景山有旧宫殿式建筑可以利用，因此从经济观点上讲也是合理的。新建筑物可以现在补充，也可以等将来再作补充，但要作出分期的修建与改建计划来。1956年元旦，北京市少年宫正式成立，副市长吴晗宣布，"北京市的少年儿童从此是这座宫殿的主人"。

"文化大革命"开始后，少年宫停止活动，并于1968年10月初被撤销。1971年北京市少年宫恢复后，由北京市教育局领导。1976年唐山地震时，少年宫部分围墙倒塌，一些房屋受到损坏。在北京市工作的万里亲自察看，拨款修建。景山公园北墙正中又开了一个门，门檐仍由琉璃瓦装饰，并于1977年把少年宫东北角受到损害的房屋修建成一幢与周围的其他古建筑风格相协调的小科技楼。1982年北京市人民政府又拨款100余万元修缮少年宫，重点是保护古建筑，并在与科技楼对称的地方，修建了风格协调的艺术楼。①

2013年12月27日，挂了57年的"北京市少年宫"牌子被摘下，占用的寿皇殿古建筑群移交给景山公园。经过4年多的规划、修缮、布展，到2018年底，寿皇殿建筑群恢复了清乾隆年间皇家祠堂的原貌，正式向公众开放，景山主要古建群得以完整呈现。其中，寿皇殿的回归和修缮是中轴线申遗的重要突破之一。

2022年，景山兴庆阁的修缮也基本完成。这里曾是古代登高望远、赏景游玩之所，1956年被改为市少年宫教师之家，建筑的瓦面、大木架、油饰等均出现了不同程度的残损。经过修缮，兴庆阁复原昔日风貌，景山建筑群中新添一处亮点，吸引更多市民来此感受中轴线上的历史文化。

---

① 李友唐：《北京少年宫建成始末》，《党史文汇》2010年第8期。

紫禁城

作为文化遗产，紫禁城与北京中轴线虽然属于不同的保护个体，但二者的关系密不可分，前者是后者的重要组成部分。反之，中轴线的保护又可以看作紫禁城遗产保护的延伸与补充。中轴线所蕴含的对称、中正的美学理念和设计原则正是紫禁城的核心要义，二者是整体与部分的关系。

紫禁城是北京中轴线上的核心建筑。"紫"指居于中天的紫微星，在古代是天帝的象征。皇宫属禁地，所以称为"禁城"。紫禁城居北京城正中，为明清24位皇帝的居所。紫禁城内最重要的建筑——太和殿、中和殿、保和殿、乾清宫、交泰殿、坤宁宫从南到北依次排列在中轴线上。太和殿、中和殿、保和殿（合称"前三殿"）是外朝；乾清宫、交泰殿、坤宁宫（合称"后三宫"）为内廷；东六宫和西六宫分列于内廷东西两侧。以紫禁城为中心，左（东）侧设置历代皇帝祭祀祖先的太庙，右（西）侧设置帝王祭祀土地神和谷物神的社稷坛。

紫禁城建筑群就是一曲凝固的音乐。设计者把外朝、内廷以及序幕、后屏组成一体，在这一组空间组合艺术中，在步移景迁的欣赏过程中，体现出抑扬顿挫、富于变化的韵律美。故宫中轴线的设计技巧，体现出古代建筑师深厚的美学造诣。紫禁城宫殿是中国古代美学在建筑中深刻而完美的体现。①

紫禁城的建筑沿一条南北中轴线遵循对称法则严格布局，宫城与北京城的中轴线完全重合。紫禁城的主体建筑前三殿与后三宫均布置在中轴线上。前三殿和后三宫以乾清门为分界线：以南为帝王上朝治政、举行大典的前三殿，气势恢宏体现男性阳刚之美，东西对称设置文华殿和武英殿；以北为帝王与后妃生活居住的后三宫，布局精巧体现女性阴柔之美。东西各设六宫，体现出"前朝后寝"的规划布局。近千座坐北朝南的单体建筑沿中轴线以连续、对称的手法分散排列在南北两侧，通过衬托手法和象征手法体现出尊卑有别的社会等级制度。

紫禁城是中国传统皇权文化在建筑形态上的集中呈现，是皇权文化的立体化、符号化、图像化，是帝王意

---

① 于倬云：《紫禁城始建经略与明代建筑考》，《故宫博物院院刊》1990年第3期。

志、统治思想与古代建筑文化的高度统一。侯仁之认为，紫禁城是北京城市规划设计发展过程中的第一个里程碑。它是在中国皇权统治时期所完成的最重要的建筑群，并且被一直保留，是极其珍贵的艺术宝藏。从整个城市规划结构上讲，它是中国历史上皇权统治时期最终极、最完整、宝藏最丰富的一个建筑群。

紫禁城初建于明代。朱元璋称帝后，在应天（南京）建都，建起的皇宫称紫禁城。朱棣迁都北京后，在元代皇宫的废墟上，把宫城的中轴往东稍移了一点，又建了一座新皇宫，也称紫禁城，于是南京的紫禁城成为"故宫"。新宫建设，工程浩大。从永乐四年（1406）开始，采木烧砖，修建长陵，疏浚大运河，建宫迁都的前期准备工作陆续展开。楠木等木材要从四川、湖广、江西、浙江等地采办，专供殿内用的苏州澄泥金砖，殿基用的山东临清贡砖，宫殿用的黄色琉璃瓦等烧制与运输也很艰难，此外还要调集天下各色匠人。经过十年筹备，永乐十五年（1417）元月开工，到永乐十八年（1420）九月，建成三大殿、寝宫、紫禁城四门、角楼以及庙社郊祀坛场，与南京宫殿相比"高敞过之"。明成祖以迁都北京来稳定国家统一和民族交融的地缘政治格局，以此一统农耕和游牧经济广大区域，以天子戍边宣示维护国家统一的决心，使北京再次成为中国大一统王朝的政治、军事中心。

明成祖迁都北京后，紫禁城的命运坎坷多舛。永乐十九年（1421）迁都大典后，仅四个月，三大殿即遭雷击被毁。三大殿是紫禁城的核心建筑，是王朝大典礼仪之地，是皇权的象征。仁宗、宣宗、英宗三帝即位时，竟无殿可坐。直至英宗正统六年（1441），即历时20年后，三大殿才重建完工。嘉靖至万历是明朝呈现转机的时期，但嘉靖三十六年（1557）三大殿又遭雷击，延烧至午门和左、右廊，整个前朝化为灰烬。嘉靖帝举全国之力重建，于嘉靖四十一年（1562）完工，此间又因失火而重建西宫建筑群。

万历二十五年（1597），三大殿又遭雷火，无心理政的万历皇帝也无心重建，直至万历四十三年（1615）方才开工，于天启七年（1627）重建完工，历时30年。直至明朝末年，紫禁城大体上依然维持了明初宫城的格局。中国古代宫殿建筑均为木质结构，工艺独特，稳定坚固。明清两代京师多次地震，宫殿均安然无恙。雷火是木质结构的克星，三大殿屡次遭灾，均因建筑高大，一旦遭遇雷火，无法扑救，往往延烧无遗，而每次重建，又几乎都与当时的王朝盛衰和经济强弱相关。

清军入关后，紫禁城随即成为清王朝的皇宫，北京成为清王朝的都城。有清一代，从未有过迁都建宫的议题。皇宫紫禁城和都城北京作为我国的物质文化遗产，没有随着改朝换代而改变。"清承明制"的地缘政治格局基本为清王朝所延续。

清代入关初期，全国未获统一，尚无暇改造明代大内宫殿。不过由于观瞻所系、政令所出，以及满足宫廷生活的需求，必要的宫殿修缮和局部的院落改造都在情理之中。王朝的盛衰决定紫禁城的命运。由于明末战乱，紫禁城特别是前朝三大殿遭到严重损坏，清王朝尽管承续紫禁城为皇宫，却面临新主无殿可坐的局面。顺治帝进紫禁城受贺，只能在皇极殿（太和殿）前的皇极门举行。顺治二年（1645）正月初一，他不得不在皇极殿旧址"张御幄受朝"。于是，同年五月，开始"兴太和殿、中和殿、位育宫（保和殿）工"，次年年底基本完成复建。从总体上看，这次复建基本上延续了明朝规制。对于刚刚入主中原取代明王朝的清廷来说，从无殿可坐到移步正殿大堂理政，这是具有历史意义的一步。

紫禁城旧貌换新颜，是从康熙帝亲政开始的。康熙六年（1667）动议修缮太和殿，十一月"修造太和殿、乾清宫告成"，康熙帝随即"移居"乾清宫，"进御"太和殿。十二月，交泰殿、坤宁宫竣工，外朝和内廷完成了基本改造。但是康熙十八年（1679）的一场大火，彻底焚毁了太和殿。此时正是平三藩的关键时期，军需浩繁，无法顾及宫殿重建。至康熙二十二年（1683），国家统一大业基本实现，重建太和殿被提上日程。康熙帝把重建太和殿视为第一等的"紧要"事务。事实上，重建从康熙二十一年（1682）即开始筹备，二十二年开始大规模从四川、湖广、江浙采办楠木等优质木料，并通过水路运到京郊通州。经过十多年筹备，康熙三十四年（1695）开工建造，至康熙三十七年（1698）辉煌壮丽的太和殿重建告竣。康熙朝两次大规模的修缮、重建、扩建，奠定了紫禁城的基本面貌，前朝三大殿此后未再有大的改变。太和殿是前朝三大殿的主殿，是朝政大典礼仪之地，从某种意义上说，重建太和殿是清王朝入驻紫禁城以来，多民族统一国家基本实现的标志。清王朝从入关前就意图问鼎中原的脚步，至此才算是真正踏实。①

清初三朝大体仍沿袭明代的格局，对紫禁城布局的改动并不明显。但需要指出的是，自顺治朝伊始，紫禁城宫殿的使用功能发生了明显的调整，其中最为明显的是，中轴线宫殿并没有严格遵循前朝后寝的礼制使用，如常朝御门之所由明代的皇极门（今太和门）改在乾清门，至于雍正朝理政之所则改在养心殿，前朝三大殿的两庑用作内务府的各种库房，如此等等。此外，根据游牧民族的生活习惯，部分宫殿的用途也做了相应的调整，如坤宁宫祭祀萨满等。究其原因，清初所继承的紫禁城，其中宫殿不能满足使用要求，只能因陋就简，暂时修复改造加以利用，只是有些临时措施，被后代当作祖制延续下来，成为一代之制度。从某种程度上看，清代对宫殿的使用，实用至上，

---

① 朱诚如：《紫禁城与王朝气象》，《明清论丛》（第二十辑），故宫出版社，2021年，第4页。

并没有完全遵循传统的宫室之制。自此，中国传统的内外之分和宫殿之别，都逐渐变得模糊不清了。

乾隆一朝，大兴土木，对紫禁城布局的改动最大。乾隆朝的布局改动主要集中在紫禁城的外东路和外西路，而中轴线的宫殿作为国家处理政务的礼制空间，仍沿袭前代，未有较大改动。从宫殿建筑类型上看，乾隆一朝，紫禁城内新建了各种类型的藏传佛教建筑，如慧曜楼、梵华楼、淡远楼等多座六品佛楼，以及雨花阁、中正殿等专门供奉藏传神像的佛堂。这些宗教建筑遍布紫禁城的内廷区域，成为清宫的独有特征。除了这些显著的变化外，还有很多细微之处的变化，如金水河河道的调整、明代原有禁门的拆除、丹陛石花纹的更换以及主体宫殿前添加抱厦等。乾隆朝对宫殿的改动痕迹可谓无处不在。此外，文渊阁、浴德堂等也是乾隆朝新出现的建筑类型。

可以说，历经乾隆一朝，紫禁城宫殿基本完成了从明代到清代的蜕变。如果说清初三朝对紫禁城宫殿的改动很大程度上是适应新政权的需求，那么乾隆朝对紫禁城宫殿无处不在的改动，则是以紫禁城主人的身份，完全体现了自己的意愿和审美取向，紫禁城从此有了清王朝的烙印。且不论这些改造的好坏优劣，但其客观上使明、清紫禁城宫殿有了很大差别，明代的宫殿布局逐渐变得隐晦不清。①

---

① 杨新成：《清代紫禁城布局变迁分期试论》，《故宫学刊》2021年第1期。

嘉道以降，国势日衰，大清王朝的盛世风华不再。嘉庆帝有心守成，想有为而不能为；道光帝节俭勤政，亦挽救不了颓势。随着殖民主义者用枪炮打开中国的大门，外国侵略者的铁蹄踏进了北京城。紫禁城成了晚清帝王遮风避雨的宫室，直到1912年清朝灭亡。

当然，紫禁城的变迁不单体现在建筑的兴废更迭，其上附着的文化和礼仪象征意义同样值得关注。紫禁城落成后，照例需要一些歌功颂德的诗赋。紫禁城的第一代主人、建造紫禁城的最高决策者永乐皇帝朱棣命他认为最有才华的臣子撰写。文渊阁大学士杨荣、金幼孜写了《皇都大一统赋》：

> 应天以顺时，辨方而正位；乃相乃度，载经载营；贯天河而为一，与瀛海其相通；西接太行，东临碣石，巨野亘其南，居庸控其北；北通朔漠，南极闽越，西跨流沙，东涉溟渤；势拔地，气摩空；梢横青天，根连地轴；包络经纬，混沌无穷；仰在天之神灵，隆万古之尊号……

紫禁城整体呈现的是帝制皇权的威仪，若从整体聚焦于细部，会有更多发现。紫禁城中轴线上建筑规格最高的是太和殿，俗称金銮宝殿，是皇帝至高、皇宫至尊、皇权至上的建筑象征。每逢重大节日或庆典，以及公布进士黄榜、新皇帝登基、皇帝大婚、册立皇后、命将出征时授印等，这座大殿才会被正式启用。此外，每年的万寿节（皇帝的诞辰）、元旦、冬至三大节，皇帝也会在此接受文武官员的朝贺，并向王公大臣赐宴。太和殿是紫禁城中建筑最高、体量最大、装饰最美、等级最尊的建筑。太和殿所呈现的，同样是皇家威严。但与紫禁城整体呈现的空间技术不同，太和殿所表达的皇家威严并不仅靠殿前开阔的庭院、上达太和殿的三级殿陛和蜿蜒展开的大殿金屋顶来体现。事实上，太和殿与太和门、午门、端门、天安门、千步廊、大清门融为一体，共同烘托帝王的威严与神圣。太和殿如同一个人的心脏，其位置决定了紫禁城内其他建筑的位置。四面八方的建筑群落将太和殿团团围住，以太和殿为核心，以中轴线为基准线。整座紫禁城线索纵横，网络清晰，大小群落铺排有序。

太和殿左前方有文华殿建筑群，右前方有武英殿建筑群，左文右武，是太和殿伸出的怀抱天下的手臂。左侧是皇家子孙读书的地方，如南三所等，也是皇宫主人们颐养天年的地方，如皇极殿、宁寿宫、养性殿、乐寿堂、颐和轩等；右侧是皇太后、太妃等人休憩礼佛诵经的地方，如慈宁宫、慈宁宫花园、寿安宫、英华殿等。正后方是帝后的寝宫，左右各有六宫的粉黛，再后面有他们专享的花园。如此一来，以太和殿为核心的整座紫禁城不仅可以"直上云霄"，而且可以"四面铺排"了。

东六宫和西六宫分别位于内廷中轴线两侧的东内路轴线和西内路轴线上,即乾清宫、坤宁宫东西两侧的对称位置。东西六宫各分两列,每列由南至北各有三宫,布局相同。东六宫分别是景仁宫、承乾宫、钟粹宫、景阳宫、永和宫和延禧宫;西六宫分别是永寿宫、翊坤宫、储秀宫、咸福宫、长春宫和太极殿。

从太和殿向北,是中和殿、保和殿。中和殿,正方,单檐,四角攒尖,镏金圆顶,像亭式建筑。殿正中设地屏宝座,宝座也设在子午线即中轴线上。在不同时期,不同场合,有着休息厅、宴会厅、议事厅和典仪厅等多种使用功能。中和殿始建于明永乐十八年(1420),明初称华盖殿,嘉靖时遭遇火灾,重修后改称中极殿,现天花板内构件上仍遗留有明代"中极殿"墨迹。清顺治二年(1645),改中极殿为中和殿。殿名取自《礼记·中庸》:"中也者,天下之本也;和也者,天下之道也。""中和"二字是说,凡事要做到不偏不倚,恰如其分才能使各方关系得以和顺,其意在于宣扬"中庸之道"。

三大殿的庭院,起于太和门,兴于太和殿,收于保和殿。保和殿位于三大殿庭院的北端,是这座壮丽庭院的收尾之笔,因而处处与太和门、太和殿相呼应,以收浑然天成之功效。保和殿在三大殿中,是唯一的既是殿又曾是宫的宫殿:作为"殿",发挥政治和行政功能;作为"宫",具有皇帝居住和生活的功能。保和殿还有一个重要功能,就是作为举行殿试的场所，也就是举办国家考试的场所。

保和殿于明清两代用途不同。明代大典前皇帝常在此更衣，清代每年除夕、正月十五，皇帝赐外藩、王公及一、二品大臣宴，赐额驸之父、有官职家属宴及每科殿试等均于保和殿举行。清顺治帝曾居住于保和殿，大婚亦在此举行。康熙帝自即位至康熙八年（1669）亦居保和殿，时称"清宁宫"。清代殿试自乾隆五十四年（1789）始在此举行。

串联起紫禁城中轴线的除了太和、中和、保和等宫殿建筑外，最重要的就是各个门。紫禁城城墙周长六里，开有四门，即午门、神武门、东华门和西华门。午门是紫禁城的正门，也是宫城四座城门中最壮观的一座，前有端门、天安门、大清门，后有太和门。各门之内，两侧排列着整齐的廊庑。这种以门庑围成广场、层层递进的布局形式，同样突出了皇宫建筑威严肃穆的特点。

午门建成于明永乐十八年（1420），清顺治四年（1647）重修，嘉庆六年（1801）又修。午门通高35.6米，由城台和城楼两部分组成。为了突出紫禁城正门的壮丽气象，午门建筑形制沿用唐宋以来宫城正门的样式，采取了阙与门合为一体的组合方式，左右两翼向前延伸，整座建筑形成三面合围的空间，拉近了建筑物与人的距离，扩大了景物的水平视角。墩台正中开三门，两侧各有一座掖门，墩台两侧设上下城台的马道。墩台上正中门楼一座，面阔9间，进深5间，重檐庑殿黄琉璃瓦顶。墩台两翼各有廊庑13间，俗称雁翅楼。廊庑两端建有重檐攒尖顶的方亭，正楼两侧又设钟鼓亭各3间。午门因由五座主体建筑组成，故又称五凤楼。整组建筑形体宏伟，轮廓多变，高低错落，气象极为森严。

午门通常是颁发皇帝诏书的地方。每年十月初一，要在午门举行颁布次年历书的"颁朔"典礼；遇有重大战争，大军凯旋，要在午门举行向皇帝敬献战俘的"献俘礼"；明代皇帝处罚大臣的"廷杖"，也在午门外进行。每逢重大典礼及重要节日，都要在这里陈设体现皇帝威严的卤簿仪仗。午门以内，中轴线上的太和门至顺贞门诸门，都属于紫禁城内的宫门。

明永乐年间开拓北京南城，使京城（内城）南城墙比元大都南移，皇城和紫禁城的南城墙也随之南移，并将彼此相隔的空间相应拉长。同时，在正阳门与大清门（当时称大明门）之间置东西横街，作为东西城的来往通道。除在大清门与天安门（当时称承天门）之间设丁字形广场外，又在宫城正门与皇城正门之间增筑一座端门，使宫前区形成了三座串联的广场，大大增强了宫城前导空间的气势。

端门位于天安门和午门之间，其建筑规模、形制与天安门基本相同，为北京皇城的第三道门。端门通高34.7米，名称来源于传说中天宫南向的大门。端门前是一个近方形的小型广场，比天安门前的横街尺度收缩很多，但较之千步廊广场又宽些。这个广场四面合围，气氛为之一收，作为一个过渡性的封闭空间，可以很好地为突出午门留下铺垫。

端门始建于明永乐时期，清康熙六年（1667）重修。端门内外两侧一字排开，各有朝房数十间，分列皇家六部公署。南面东朝房正中有太庙街门，通往太庙；西朝房正中有社稷坛门，通往社稷坛。端门东西两端与朝房相连，为北京唯一没有城墙的城门。端门的功能除御路通行必经外，门楼主要用于收储仪仗等器物。端门里东西两庑是连檐通脊的长房，清代为六科公署及六部九卿朝房。两庑北端开有阙左门和阙右门，门外各有下马碑，为朝臣候朝之处。

太和门位于午门之北，是紫禁城外朝宫殿的正门，始建于明永乐十八年（1420），最早称奉天门；嘉靖三十六年（1557）被焚，四十一年（1562）重新建成，改称皇极门；清顺治二年（1645），改称太和门；顺治三年（1646）、嘉庆七年（1802）重修；光绪十四年（1888）再度被焚毁，次年重建。太和门，是紫禁城内规格最高的门，也是皇帝上朝的地方。所谓"御门听政"，就是指文武官员早朝时，皇帝在这里接受臣下朝拜和处理政事制度。清康熙帝以前，皇帝在此与臣下议事，颁发诏令。

乾清门是紫禁城内廷的正门，始建于明永乐十八年（1420），顺治十二年（1655）重修。乾清门面阔5间，进深3间，单檐歇山式黄琉璃瓦顶，坐落在高1.5米的汉白玉须弥座上，周围环以雕石栏杆。门前三出三阶，中为御路石，两侧设镏金铜狮一对。两侧又有"八"字形琉璃照壁，华贵富丽且有浓郁的生活气息，与其他各门迥然有别。乾清门既是连接外朝与内廷的通道，在清代又是"御门听政"的所在。

坤宁门位于紫禁城内廷的坤宁宫与御花园之间，建于明嘉靖十二年（1533），清顺治十二年（1655）重修，为后三宫通往御花园的主要门户。它面阔3间，进深1间，北向。与乾清门一样，坤宁门依然使用单檐歇山式黄琉璃瓦顶，以及两侧山墙斜出"八"字形照壁。

天一门位于紫禁城御花园内，为钦安殿院落的正门，明嘉靖十四年（1535）与钦安殿同时建成。初名天一之门，清代改称天一门。钦安殿为宫中的一座道观，殿内供奉玄天上帝，亦名真武大帝。明清时期，每年立春、立夏、立秋和立冬之日，皇帝均来此拈香行礼，祈求真武大帝保佑皇宫免受火灾。天一门主体由青砖砌成，正中开单洞券门，内装双扇朱漆宫门。黄琉璃瓦歇山顶，檐下有绿琉璃瓦仿木结构的椽、枋、斗拱，门两侧各出琉璃影壁与院墙相连。"天一"取《易经》"天一生水"之意，直接反映出宫殿避火的愿望。

承光门位于钦安殿后，北对顺贞门，始建于明代，仅一开间，双扇大门，庑殿式琉璃门楼。左右各接转角琉璃矮墙，分别与集福门、延和门相连，再与顺贞门一同围合成一个袖珍院落。门内设镏金铜卧象一对。此门形似牌坊，作用又与影壁相似。现于门外设故宫导游图，一般情况下不开启，游人可从左右的集福门、延和门进出御花园。

顺贞门位于紫禁城内廷中轴线北端，南对承光门，为御花园的北门。始建于明初，原称坤宁门，嘉靖十二年（1533）改称今名。顺贞门在形式上为随墙琉璃门，共3座。门外为一小型广场，俗称北横街，隔街与神武门相对。顺贞门为内廷与神武门之间的重要通道，明清时无故不开启，更不准闲人出入。

神武门是紫禁城的北门，位于宫城北垣正中，建成于明永乐十八年（1420），称玄武门；清康熙年间重修，为避康熙皇帝名讳而改称神武门。神武门通高31米，平面为矩形。城台底部为汉白玉须弥座，辟三门，门内左右设马道，可登城楼、城墙。城楼面阔5间，进深3间，四周围廊，环以汉白玉栏杆。重檐庑殿顶，覆黄琉璃瓦。旧时城楼上设钟鼓，每日黄昏后鸣钟108响，然后敲鼓起更，至次日拂晓复鸣钟。皇帝住在宫中时则不鸣钟。清代一年一度的皇后祭先蚕，由仪仗引导出入神武门正门。每三年一次选秀女，应选秀女进宫待选时则由神武门偏门进出。

北上门位于神武门外，北对景山门。面阔5间，进深2间，正中明间及左右次间为门，各有一对朱漆金钉门扇，单檐歇山黄琉璃瓦顶。北上门本为紫禁城后花园——景山的正门，故宫博物院成立后，曾作为神武门的外门，而将其第二道门改为景山公园的正门。20世纪50年代，拓宽景山前街马路时被拆除。"景山"匾额现收藏于故宫博物院。景山门南对北上门，门内为绮望楼。建筑形式、体量与北上门基本相同，亦面阔5间、进深2间，单檐歇山黄琉璃瓦顶。①

此外，位于天安门南端的大清门在中轴线上也具有非常重要的地位。大清门是明清两代皇城正门天安门的外门，又称"皇城第一门"。始建于明永乐时期，初称大明门，清顺治元年（1644）改名大清门，1912年改名中华门。大清门体量不大，无城台，南向五楹，正中开三券门，单檐歇山、飞檐重脊黄琉璃瓦顶。门南侧左右有石狮、下马碑各一。大清门至天安门之间的御道左右各有东西向廊房110间，称千步廊，再折向东、西，有北向廊房各34间，皆连檐通脊，这里集中设立了直接为朝廷服务的衙署。明代时东侧有宗人府、吏部、户部、礼部、兵部、工部以及鸿胪寺、钦天监、太医院、翰林院、上林苑、会同南馆、詹事府等，西侧有五军都督府、太常寺、通政使司、锦衣卫、旗手卫等，这些府、部、寺都被划入宫禁范围。

明清两代，大清门是皇帝、宗室参加重要庆典的出入

---

① 谢丽：《北京中轴线上的十七座门》，《紫禁城》2005年第3期。

之门。每年冬至，皇帝要到南郊天坛去祭天，夏至要到北郊地坛祭地；孟春祈谷，皇帝还要到先农坛亲自耕田。遇到这些大典，午门、端门、天安门、大清门豁然洞开，皇帝由此门出行去参加祭祀典礼。明袁裹有《大明门候驾》诗曰："虎旅驱中道，钩陈警六飞。圜丘群望毕，宣室受釐归。旭日迎芝盖，晴云拂羽旂。笙歌前路拥，拜舞接光辉。"

大清门的建筑形式并不突出，千步廊也较一般，这样的处理手法是为突出天安门而进行的铺垫。至天安门前广场略向东西展开而形成横街，两端各建宫墙并辟有城门，东为长安左门，西为长安右门，其建筑形制类似大清门。东西二门又与向东西横街南侧延伸的千步廊相接，组成"丁"字形广场。高大的天安门城楼建在城台之上，面阔9间，进深5间。门前有由西向东流的外金水河，正对门洞的是5座拱券式石桥，桥前高高耸立一对白石雕蟠龙华表。巨型石狮左右衬托，红墙黄瓦相互辉映，使天安门更显得高大壮观。

大清门前为一百步见方的小广场，在明代围以木栏，从正阳门居高下望，以其形似棋盘之故，俗称棋盘街。棋盘街南连正阳门，北接大清门，东、西分别通往东江米巷（今东交民巷）西口和西江米巷（今西交民巷）东口。清乾隆年间修葺棋盘街时，将木栏换成石栏。明清时期，北京内城被皇城占据，百姓无法从皇城中间穿行，棋盘街因此成为东、西城居民来往的交通要道。明嘉靖四十三年（1564）修筑北京外城。棋盘街与外城仅隔崇文门、正阳门、宣武门一线城墙。人们通过正阳门、崇文门、宣武门都可以到达棋盘街，棋盘街因此成为内外城交通融汇之所，自然也成为明清时期北京最繁华的商业中心。不仅如此，棋盘街还是屯兵的营地。每遇皇帝出宫大典时，守护皇宫的御林军要先期扎营在此。每到这个时候，各店铺均收摊关门。由于棋盘街东侧为户部、礼部、鸿胪寺、翰林院等文职部门，也使棋盘街一带成为封建士大夫燕集之所，书市应运而生。

紫禁城的中轴线除了作为建筑上的基准线外，还有另一功能，即把北京城划分为阴阳两半。中轴线以东属阳，主春、生、文、仁，故有文楼（清称体仁阁）、文华殿、万春亭、崇文门等建筑；以西属阴，主秋、收、武、义，故有武楼（清称弘义阁）、武英殿、千秋亭、宣武门等建筑。不仅如此，中央官署机构的设置也是以中轴线为准按阴阳布置的，中轴线以东设吏、户、礼部及翰林院等机构，主文，属阳；以西设中、左、右、前、后五军都督府、刑部、太常寺及锦衣卫等机构，主武，属阴。明清两代考中文状元在东长安门揭黄榜，考中武状元则在西长安门揭黄榜，告示天下。

紫禁城居中，并以坚固的城墙环绕，外面又特设皇城空间，安置各种为皇帝、皇权服务的机构与设施，皇城同样有高墙环绕。如此居中的位置,显示了皇权的至高无上,层层环绕的高墙,以及严密布置的卫兵,保障着皇帝的安全。①侯仁之有这样一段文字,可以让我们做身临其境的设想:

> 从正阳门北上,经过比较矮小的大清门,随即进入"T"字形的宫廷广场。广场南部收缩在东西两列低矮单调的千步廊之间,形成了一条狭长的通道。广场北部向左、右两翼迅速展开,有豁然开朗的感觉。越过这段开阔的空间,屹立着庄严壮丽的天安门,门前点缀着汉白玉的石桥和华表,这是第一个高潮。进入天安门,迎面而来的是端门,中间距离较短,是一个近似方形的院落,整个气氛顿觉收敛。端门以内,在左、右两列朝房之间,又展开一段比较狭长深远的空间,一直引向第二个高潮,这就是体制宏伟、轮廓多变的午门。从午门到太和门之间,空间宽度突然加大,院落也显得大为开阔。院落中心的御道上又出现了汉白玉石桥,这是整个布局开始变化的征兆。果然一进太和门,最后一个高潮终于出现在眼前。这是一个正方形广阔而

---

① 唐晓峰:《北京传统城市空间治理:遗产与挑战》,《地理研究》2019年第6期。

开朗的庭院，两侧有崇楼高阁，峙立左右，正面是巍然屹立在须弥座台基上的太和殿。帝王"唯我独尊"的思想在紫禁城乃至整个皇城得到完美呈现。

这个巨大空间的设立几乎只是为着一个人，或者说，这个巨大空间乃是一个人的扩展放大，其余都是附属的、渺小的。这种关系的提示，包括建筑语言、制度语言、行为规范语言，在空间的每个角落都可以感受到。这些语言，其本质都是皇权空间的治理手段，它们是设计的、规划的、培育的。在这个空间中，人们从形体到内心，均要匍匐在地。一种无形却是巨大的压力，充斥在此处。这是每一位大臣在出入这个空间的瞬间过程中，总要一遍又一遍经历的身心转换。然而，他们不只是这个空间的服从者，还是这个空间的建设者。这个空间是皇帝与臣子共建同治的。空间治理，就是空间性的建设，而空间性的建设，包含对空间性的服从。对于京城广大百姓来说，紫禁城是高不可攀的。京城百姓完全习惯于这种高不可攀、不可企及的城市中央空间的存在，那是这座城市的象征。①

紫禁城的衰败早在清后期就开始了。咸丰六年（1856），英法两国悍然发动了旨在扩大殖民权益的第二次

---

① 唐晓峰：《北京传统城市空间治理：遗产与挑战》，《地理研究》2019年第6期。

鸦片战争。陷入南方太平天国十年战争泥潭的清政府,面对英法联军的进攻毫无招架之力。咸丰十年(1860)10月25日,在清政府与英法两国签订《北京条约》之后,联军士兵与军官虽然可以在北京城内自由行动,但由于中国官员的坚持,他们始终无法靠近紫禁城。不过,在恭亲王奕䜣的安排下,两国使团中的高级人员曾进入皇城参观,并在中国官员的陪同下深入到一般士兵无法靠近的区域。这样的安排可能意在表现清政府划地立约、偃旗息兵的诚意,也正是因为恭亲王的这一决定,让英军中的随军摄影师意大利人费利斯·比托能够将咸丰时代北京皇城的历史风貌通过照片永久地保存下来。

现存费利斯·比托于当年拍摄的北京皇城照片有大清门、天安门金水桥、午门、大高玄殿习礼亭、景山紫禁城鸟瞰、琼华岛东面和琼华岛南面等。其中大清门、午门、景山紫禁城鸟瞰3张照片涉及紫禁城建筑,可以确认是历史上最早的一批紫禁城照片。

光绪二十六年(1900)6月21日,慈禧太后在八国联军强占大沽炮台的危急情势下发布宣战上谕,清军开始包围各国驻京使馆。义和团打着"扶清灭洋"的旗号与清军一道围困和袭击在北京的外国人。8月12日,八国联军攻下天津后进抵通州,清军宋庆等部再次战败溃散。此时,北京城已是门户洞开,城中可隐隐听到炮声。次日,董福祥率甘军迎战联军于广渠门,大败后军纪失控,竟至纵兵大掠，城内未战先乱。当晚，北京上空电闪雷鸣，风雨骤至。8月14日清晨，俄军率先攻破东便门冲进城内；日军也随后从东直门入城；法军听说北京城破，也急忙赶来匆匆入城；英军则从广渠门进入北京城。是日，百官无入朝者。次日清晨，慈禧太后带着光绪皇帝及皇后等从西华门逃出，此时联军仍在继续进攻紫禁城，但遭到残余清军的顽强抵抗。8月16日，在慈禧太后已经逃走的消息传开后，护城清军放弃抵抗陆续散去。经各国驻华公使商议，侵略者分头占据皇宫大门。美军在紫禁城南门，俄、日、法等国军队把守其他几处大门。北京城沦陷后，各国统领决定对北京城实行分区占领。

八国联军将紫禁城团团包围，各国都想先睹为快，因为那里有数不尽的奇珍异宝。但联军总部担心如此一来可能在各国间引发矛盾和冲突，另外在局势尚未明朗之前，他们还想以紫禁城作为要挟清廷的重要筹码。皇城禁地之内，大清门、天安门、端门及左右阙门洞开，联军兵马在此畅行无阻，但各国却相约不对紫禁城实行占领，其四座城门也受到严格控制。

尽管如此，还是有很多人进入了紫禁城。据清廷留京大学士宗室昆冈奏称，联军刚刚控制皇宫大门后，即有日本国使臣葛络干函称："各国统兵各员及公使人等定于初四日辰刻俱入大内瞻仰宫廷。"昆冈"以地属宫禁，再三阻拦"，得到的答复竟是"现在京城暂归各国保护，此系各国使臣及各兵官之意,碍难阻止"。结果,初四清晨,联军头目们就在洋乐声中"准时"踏入了紫禁城。

光绪二十六年(1900)的《奏呈各国洋人进内日期单(录副奏折)》统计,46天内,包括日本、俄国、美国、英国、法国、比利时等国,共计27批次约2500人进入紫禁城内宫。八月初四,八国联军甚至在紫禁城举行了一场特殊的阅兵仪式,当时有各国外交官和指挥官及2300名士兵参加。这支队伍先在午门外广场聚齐,举行简短的阅兵仪式,由炮兵鸣"礼炮"21响,然后便在俄军司令官利涅维奇的率领下,浩浩荡荡穿过午门,进入太和殿,然后出德胜门向北行进。

这些来自8个国家的侵略者,穿着不同的军服,吹着不同的号角,奏着不同的乐曲,举着不同花色的国旗,在只有中国皇帝才能走的紫禁城中轴线上缓缓前行,耀武扬威。在紫禁城的北门——神武门外,一支俄国军乐队正在待命,每当一个国家的队伍走出皇宫,便开始演奏那个国家的国歌,如《天佑女王》《星条旗永不落》等。

侵略者的军队陆续走出神武门后,这场"国际大检阅"本应告一段落,可是各国军官、外交官和随行的记者们却又原路返回,继续"参观"充满诱惑的皇宫。他们走进宫殿时,不仅纷纷坐到皇帝御座上照相,而且见到喜欢的东西后,便顺手牵羊,将其化为自己的囊中之物。英国军官萨维奇·兰德尔记载:

我们来到乾清宫，皇帝的寝宫。该处保存完好，点缀着华丽的玉石和纯金花瓶。两边是一排排漆盒，象牙为栓，描着金龙。这些盒是用来盛美丽的金饰、官方勋章、玉玺、琥珀项链、首饰和其他类似物品的。

一些联军军官直奔而去，砸开盒子，各取所需，塞进自己的口袋，毫不顾忌惊呆了的旁观者。……然而更坏的事情发生了。院子外面，带领参观的中国官员之一漠然地站在那儿，头戴白官帽，胸前一串琥珀和玉石长项链，挂有标志他官阶的垂饰。一个军官走过去，一弯腰就把那串珍贵的项链从他脖子上摘了下来，挂在自己的颈上，吐了一句"回头见"，优雅地一摆手，扬长而去……

我们走进一座美丽院落的侧厢，其游廊上摆着6个廉价的小盘子，两个里面放着几片老式洋饼干，两个盛着核桃，最后两个盛着干果。几名宫廷侍役站立着，脸色阴沉，长袍拖地，给需要的人沏茶。征服者们纷纷向茶水和食物扑去，最后连盘带杯都带走了……

最重要也是最精致的殿是太和殿……这座宫殿的前面是一座宏伟的大院，三层台基都装饰着美丽的汉白玉围栏和三条台阶，中间一条只供皇帝使用。院子和建筑里到处都是空子弹壳，庭中茅草茂密，一幅衰败而又雄壮的景象。①

关于这天宫中的损失情况，清宫档案中恰好保存有一份《洋人拿去乾清宫等物品清单》，上面开列这样的名称和数字：玉器165件、玛瑙44件、瓷器3件、笔16支、核桃珊瑚20件、扇子5把、扳指6个、竹木器7件、玩器35件、册页14页、手卷4轴、挂轴2件、铜器8件和石器墨纸4件，以上共333件。另外，乾清宫内的青玉古稀天子之宝1方、青玉八徵耄念之宝1方、铜镀金佛像2尊、碧玉双喜花觚1件和碧玉英雄合卺觥1件等物也被窃走。其后，在八月初六、十二、二十七，九月初一，以及十月初三、初七、初十等日的档案中，也都有类似记录。

作为侵略者一员的英人普特南·威尔，在《庚子使馆被围记》中毫不掩饰地记述了他"游览"皇宫时亲眼所见的联军窃掠丑行：

> 同行中有人不时将喜爱之物聚成一小堆，并趁人不备塞入衣袋。在俄军侵华最高指挥官阿列克谢耶夫和利涅维奇进宫"参观"时，其随行人

---

① ［英］阿诺德·亨利·萨维奇·兰道尔著，李国庆、邱葵、周珞译：《中国和八国联军》（下），国家图书馆出版社，2014年，第376—378页。

员在酷热难忍的天气里却穿上了大衣和斗篷。他们不仅顺手牵羊，用大大小小的珍宝鼓起了自己宽大蓬松的外衣，还大吃大嚼慈禧太后寝宫内的玫瑰酱，将室内玻璃柜中数十件用黄金和宝石精制成的小巧艺术品"洗劫一空"。继俄军、美军驻守紫禁城之后，改由德军、日军据守，盗窃宫中物品的行为，始终未曾停止过。各处宫殿内凡可移动的贵重物件，皆有损失。甚至连宫中所养的北京叭儿狗也被"参观者"抱光。各国士兵最感兴趣的是钟表，自鸣钟、珐琅表成批告失，就连养心殿内法兰西小表也被联军"置于袋内"，"不发一言"地带走。据载，有的联军塞满衣服上的口袋后，还要扯下墙上悬挂之物做成包裹，"遇有中意之物，即取而置之，将其装满"。不论哪一批入宫"参观"的联军，在他们走出大门时，个个都是"衣服口袋凸出甚高，面有得意之色"。①

对于紫禁城，联军军官和士兵都在利用各种机会进入那里劫掠财宝。法国的朱利安·韦奥上校在《在北京最后的日子》中回忆：

---

① 《八国联军劫掠清宫纪实》，《中国档案报》2002年4月26日。

就在打败之下,此地亦不是可以随便进来。听说在重城之后,有官僚太监,仍在那里居住,闻亦有女公主,珍宝,藏在那里。两个门都很严重地守护着,北门守的是日本人,南门守的是美国人……从前的教士住宅,及学校的课堂,现在都堆满了箱子;有储藏的丝茶,及成堆的古铜器,花瓶,或香炉,高及人头。但是仍是教堂中的储蓄来得伟大,是最充实之阿里巴巴之地窖,全是从紫禁城搬来的……皇帝的厚丝之袍,绣着金龙的;现在委弃在地下,各种杂物之中。人们在上面走,在象牙、玻璃、刺绣、珍珠上面走。①

因为是皇宫,各国碍于情面不便公开抢劫,但暗中偷窃则时时有之。在"入宫参观"的借口下,各国高级军官和公使包括其夫人、随从难免顺手牵羊。意大利公使萨瓦戈就说,即使在紫禁城阅兵时,"皇宫里一些小的珍品无疑是丢失了",因为一些外交官夫人也都进来了,而她们并不仅仅是来看阅兵的:"在北京一个美国女士家的客厅里,我看到一些雕刻得十分精致的玉器……那是在皇帝的客厅里陈设了几个世纪的历史文物。"

---

① [法]贝野罗蒂著,李金发译:《在帝都——八国联军罪行纪实》,人民日报出版社,1990年,第58、66—67页。

至于那些无资格入内参观的下级官兵，其中的胆大者也有趁黑夜入内盗窃之事。英国陆军中尉勃纳德私下里承认："我们自己也抢了一点儿，我得到了一些最珍贵的鞑靼丝绸衣服，如有可能我会把它们寄回家。还得到了一些古玩，但是最大的困难是运输问题。我们来这里时总共只能带四十磅的个人装具，不能带帐篷。"德军统帅瓦德西抵达北京后，他看到的皇宫情形是：宫中可移动的贵重物件多被窃去，只有难以运输之物，始获留存宫中。故宫三殿前所陈设的八大金缸，因为形巨体重，联军无法窃走，竟将外部之金刮去，刮痕宛然，今犹可见。

现存清宫档案的记载，远远不是皇宫御园损失的全部。经过八国联军这场空前劫掠，以紫禁城为中心的中国皇都，"自元明以来之积蓄，上自典章文物，下至国宝奇珍，扫地遂尽"，所失"已数十万万不止"。连八国联军的总司令瓦德西也不得不承认："所有中国此次所受毁损及抢劫之损失，其详数将永远不能查出，但为数必极重大无疑。"至于颐和园、景山、太庙、社稷坛、天坛、先农坛等皇家禁苑，六部九卿等各衙署，以及銮驾库等存储宫廷物品的库房，丢失、损坏的各类典章文物、国宝奇珍，价值更难以估算。①

---

① 远波：《百年前的国耻——八国联军进入午门》，《紫禁城》2005年第3期。

辛亥革命后,紫禁城继续颓败,几乎沦落到无人过问的境地,某些地方的残破远超后人想象。齐如山童年时因认识太监,曾经进去过一回,光绪二十六年(1900)又进去过几回。他见到的是这样的情形:

> 在皇上常经过的地方,当然是相当洁净,稍背的地方也是大堆的炉灰、垃圾及茶叶、果皮等等。尤其是西北一带靠紫禁城墙的地方,因宫中不用,都是归太监的亲戚本家暂住,里面有小饭铺、小茶馆、鸦片烟馆、赌局等等,都是全的,盖里边的太监出来一次很远,多在此处来消遣。皇上看不到,内务府怕得罪太监,又不敢举发,遂腐败到如此。据清宫史的记载,一次被皇上知道了,迁出去了两千多人,足见其处闲杂人等之多。最奇怪者是太和殿等处,也非常之脏。光绪戊戌,我随先君上朝,进东华门一直往北,出来时先君欲带我逛逛,乃由太和殿前经过,出太和门往东,再由东华门出来,在太和殿前月台上(丹墀)看到很多人粪,干脆说就是一个大粪场,丹墀下院中则蓬蒿满院,都有一人多高,几时皇上经过,几时才铲除一次。①

---

① 《齐如山文集》第8卷,河北教育出版社,2010年,第380页。

宫中的情形如此不堪，显示的是大清王朝大厦将倾、气数将尽。慈禧太后、同治帝、光绪帝很少居住在这里，大部分在西苑以及颐和园度过。

事实上，紫禁城建筑虽然金碧辉煌、巍峨壮丽，但在凝重静穆的氛围中，却不免包含令人压抑的单调、呆板而又枯燥的气息。逛过故宫，难免会生发几分感慨。对于帝王的生活，文人们是同情与批判多于向往的。张恨水在《逛故宫杂感》就说："做皇帝的人，为什么住这么多房子？……他不就是终身幽禁在这几道高墙里面吗？住的真也不算多。几个城墙圈子以外，有多大的天地，恐怕他还是茫然呢。以这样的人把握住一国人民的命运，简直是瞎子摸海。"郑振铎在故宫感觉到的不是尊贵而是戾气："由神武门入院，处处觉得寂寥如古庙，一点生气都没有。想来，在还是'帝王家'的时代，虽聚居了几千宫女、太监在内，而男旷女怨，也必是'戾气'冲天的。"①

欣赏紫禁城的美妙之处，在一些人看来，并不是身处紫禁城之内，或许是在空中："飞机过北平城上时，那棋盘似的房屋，那点缀着的绿树，那紫禁城，那一片黄琉璃瓦，在晚秋的夕阳里，真美。"②或许是在景山之顶："登山一望，不但一片琉璃瓦的紫禁城尽收眼底，即九城烟树，

---

① 郑振铎：《北平》。
② 朱自清：《回来杂记》。

亦均在望中矣。"①或许是在太和殿前:"游客们常可在蔚蓝的天空下,见到闪耀着金色瓦片的皇宫屋顶。景象是十分动人的。"②或许,这些都还不是紫禁城最美的一面。邓云乡在《禁城记趣·角楼蛙声》中描述,在景山前门往西,到大高玄殿门前牌楼西边,可以看到皇宫最美的一角:

> 当年大高殿的三座牌楼都还未拆除,转角处"官员人等到此下马"的满、汉文石碑还在,这里放眼往紫禁城方向一望,正是禁城西北角,是最美丽的一角,东南高朗的苍穹、白云,衬着玲珑的、金碧辉煌的角楼,紫禁城那整齐的女墙垛口,像两条花边;下面是深灰色的紫禁城"折线";这条"折线"的更外一层,是临筒子河的曲尺形水榭,再过来是水光粼粼的筒子河,这样一层一层的构成一条极美的风景线,尤其是这座曲尺形水榭的设置,是腹内有大经纶、大丘壑、大学问的人设计的。这里宜于迎晨曦,宜于看朝雾,宜于吊斜阳,宜于待新月,更宜于初夏的夜在这里听新蛙的鼓唱。那时学校图书馆晚上九点闭馆,待闭馆后回家,到此处时约在晚间九时半左右,马

---

① 邓云乡:《禁城记趣·景山》。
② 林语堂:《迷人的北平》。

> 路上行人稀少，筒子河边更是寂无人语，惟闻一片蛙声，对着寂静的五百多年的禁城宫阙、御河流水，领略这种特殊的天籁的音乐，常常有一种忘我的感觉，似乎与周围已化为一体了。①

每当夕阳西下时分，或者阴云密布、寒风瑟瑟的日子，禁城内外总会有数量颇多的乌鸦在飞着，叫着，让人顿生古今治乱盛衰之感。张恨水在《听鸦叹夕阳》一文中说：

> 北平深秋的太阳，不免带几分病态。若是夕阳西下，它那金紫色的光线，穿过寂无人声的宫殿，照着红墙绿瓦也好，照着绿的老树林也好，照着飘零几片残荷的湖淡水也好，它的体态是萧疏的，宫鸦在这里，背着带病色的太阳，三三五五，飞来飞去，便是一个不懂画的人，对了这景象，也会觉得衰败的象征。

民国成立后，紫禁城从曾经的皇宫变成"故宫"，后来又转化为博物馆。这种改变不只意味着其功能属性的变化，更记录着时代进程与社会变革。

---

① 邓云乡：《燕京乡土记》，上海文化出版社，1986年，第249页。

1912年2月12日，清宣统皇帝发布诏书，正式逊位。皇权陨落，帝制消亡，作为皇权重要载体的皇宫紫禁城的命运也发生了重大变化。当时，清政府与南京临时政府达成的《关于大清皇帝辞位后优待之条件》规定：

> 大清皇帝辞位之后，尊号仍存不废，中华民国以待各外国君主之礼相待；……暂居宫禁，日后移居颐和园。

实际上根据协议，所谓逊清皇室"暂居宫禁"并非占有紫禁城的全部，而是只能在紫禁城后半部活动，即乾清门以北、神武门以南（也称"内廷""内朝""后朝"等，即通常所谓的后宫）。乾清门以南、天安门以北部分（也称"外廷""外朝""前朝"等），包括太和殿、中和殿、保和殿以及文华殿、武英殿等收归民国政府所有。收归国有之后，这些宫殿的用途也是当时各方争论的焦点议题。同时，处在过渡阶段的紫禁城内部管理混乱，各种文物流失严重。早在清末，出国考察的大臣就上奏提出建立图书馆、博物馆的主张，认为这是教化民众的重要方式。蔡元培等学者一直呼吁应该建立一所为公众服务的博物院，他们倡言，西方国家即是以注重实物的博物馆作为教化公民的重要场所。

1913年7月至1914年1月间，发生了"盗卖热河避暑山庄前清古物案"。热河都统熊希龄调任国务总理兼财政总长之后的一段时间里,北京、上海、天津等地的古玩市场纷纷出现来自承德离宫的文物,一时社会议论纷纷,吁请政府严加制约。但此案扑朔迷离,前清古物的命运再次引发国人的关注。时任北洋政府内务总长的朱启钤呈请总统袁世凯,提出将盛京(沈阳)故宫、热河(承德)离宫两处所藏各种宝器运至紫禁城,筹办古物陈列所。北洋政府批准,由美国退还庚款内拨给20万元为开办费。1914年2月,古物陈列所在紫禁城内的武英殿宣告成立。武英殿建筑组群位于紫禁城前朝的熙和门外,与东侧的文华殿遥遥相对。内务部先行修缮了武英殿,将武英殿及其后殿敬思殿改造为陈列室,在两殿之间加盖穿廊,使之贯通,形成"工"字形。1914年10月10日,古物陈列所正式向社会开放,接待观众。

古物陈列所并非现代意义上的博物馆,正如该所成立时向社会公告其设立宗旨:"默察国民崇古之心理,搜集累世尊秘之宝藏,于都市之中辟古物陈列所一区,以为博物院之先导。"它只是简单保存与摆设部分古物而已,社会关注度不高,"纷若列市,器少说明,不适学术之研究"。观看古物陈列者亦多不满意,如鲁迅在当年日记中描述武英殿古物陈列所"殆如骨董店耳"[①]。

---

① 《鲁迅日记》(1914年10月24日),《鲁迅全集》第15卷,人民文学出版社,2005年,第137页。

1914年6月，古物陈列所在紫禁城已毁的咸安宫旧址上，决定通过招标方式兴建一座二层楼房，用来储存所里负责保管的古物。1915年6月，楼房建成投入使用，并正式定名为宝蕴楼。后来，又仿照武英殿样式将文华殿及后面的主敬殿改为陈列室对外开放。此外，还陆续修缮了一些殿阁城台，整修道路，栽植花木，并将武英殿后面的空地辟为花园。1915年后，紫禁城三大殿逐渐对外开放，参观群众自午门、东华门、西华门出入。但此时，以陈列历代青铜器、玉器、官窑瓷器为主的武英殿区域仍然是古物陈列所最重要的展区。

故宫虽被一分为二，但两者之间仍然保持着暧昧的关系。清室复辟势力蠢蠢欲动，那些并不甘心退出历史舞台的前清遗老利用时局的动荡，煽动民众对共和的不满，叫嚣"还政于清"。一时间，阴云密布，人心疑惧。维护共和的势力纷纷呼吁政府，要求逊清皇室尽快履行"优待条件"，早日迁居颐和园。袁世凯发布政令，申明紊乱国宪，即照内乱罪，从严惩办，并派内务总长和司法总长照会逊清皇室，"以遏乱源"。民国成立后的第一次复辟浪潮暂时退却，但暂居紫禁城后廷的逊清皇室的存在不断提醒着国人，共和的道路仍然非常漫长。

按照逊清皇室与北京政府达成的协议，逊帝溥仪"暂居"紫禁城内廷，皇宫的北半部分变成了"故宫"。作为一种过渡性的安排，这一直是不稳定的因素，因为逊清皇室还像一个小朝廷般存在着。在这个封闭的小空间中，逊清皇室日常生活的运行模式仍然基本保留。同时，逊清皇室存在的象征意义与符号意义不能被低估，它是一部分群体的精神寄托。这些人既有前清的遗老遗少，也有以满籍王公宗室为中心的宗社党，还有以康有为为首的保皇会分子，另有一批任职于民国政府的前清旧官僚。他们一直希望能以此为阵地寻机复辟往日的荣光。而在张勋短暂的复辟中，这些复辟势力与小朝廷之间的积极相互呼应提示着国人：只要逊清皇室还在，似乎就预示着某种"希望"。民国政府虽然制定了相关法令试图规范逊清皇室在故宫的行为活动，但效果并不明显。

民国政府虽然对逊清皇室采取优待政策，允许清帝逊位后在紫禁城中自成一统，维持其小朝廷格局，但仅仅一墙之隔的地方，则完全是一个崭新的世界。位于故宫东北角外的北京大学，在辛亥革命后迅速成为新文化运动的发源地。新文化、新思想风起云涌，新人物层出不穷，各类社会团体活动频繁，作为公众信息传媒和宣传各自主张、言论的报纸杂志花样翻新。新气象与旧宫殿，新青年与遗老遗少，新文化新道德新思想与旧文化旧道德旧思想，民主科学与专制愚昧，新世界与旧世界，仅是一条护城河的距离。

自袁世凯去世开始，国会中废除"优待条件"并收回故宫的提案就不断出现，逊清皇室的生活并不太平。宫内收藏的珍贵文物，在溥仪的"赏赐"、内务府的抵押和太监的盗窃下，大量流落宫外。同时，清室还以用度不足为由，将宫内部分文物拍卖，并经常拿出一些金银珍宝抵押和变现。1923年建福宫花园的一场大火，将敬胜斋、静怡轩、延春阁一带焚烧殆尽。许多殿堂的库房内都装满了乾隆帝的珍宝玩物，乾隆帝去世后，嘉庆帝把所有宝物封存起来，有的库房已经100多年未打开过。就这样，宫内珍贵文物在明偷暗盗之后，再次遭受巨大厄运。《京报》评论说：

> 自清帝退位之日起，一切主权，已移于民国，则今番千万以上之损失，实民国国家所有之财产也。非但物质上横遭暴殄，而与历史有关之古物尽付一炬，则尤为堪痛也。因清室不肯遽行迁让之故，使民国所应保存者皆葬送于咸阳焦土之中，其责任应谁负之？此岂可以勿问哉。宜速将溥仪及其家族为适当之处置，以杜将来祸源，而正中外观听。①

随着居住在紫禁城内的逊清皇室的负面作用日益显现，力主驱逐的声音越来越高，并且上升到保卫共和体

---

① 邵飘萍：《亡清故宫失火之责任问题》，《京报》1923年6月28日。

制、杜绝帝制死灰复燃的政治高度。至此，驱逐逊清皇室所缺少的，只是一个契机而已。

1924年，第二次直奉战争爆发。10月22日夜，直军第三军总司令冯玉祥在前线倒戈回京，发动北京政变，软禁总统曹锟。冯玉祥控制北京之后，组成了以黄郛为总理的摄政内阁政府。摄政内阁于11月4日晚通过《修正清室优待条件》，其中最重要的有两条："大清宣统帝从即日起永远废除皇帝尊号，与中华民国国民在法律上享有同等一切权利。""清室应按照原优待条件第三条，即日移出宫禁。"[①]11月5日上午9时，时任京畿警备司令的鹿钟麟受冯玉祥之命，携带摄政内阁总理黄郛代行大总统的指令，会同张璧、李煜瀛，带兵进入紫禁城，以武力强迫溥仪接受新的"优待条件"。溥仪抵抗无用，于当日下午与其后妃婉容、文绣，以及随从大臣、太监、宫女等在冯军的"保护"下，经神武门出故宫，前往其父载沣位于什刹海的醇王府暂住。

溥仪被逐出宫之后，皇宫内廷被摄政内阁接管，但如何处置溥仪离去之后的故宫再次成为焦点。1924年11月7日，摄政内阁发布命令，组织成立"办理清室善后委员会"，负责故宫公产、私产的区分、清理及一切善后事宜。

---

① 吴瀛：《故宫博物院前后五年经过记》卷一，故宫博物院，1932年，第10页。

11月19日,北京8所高等学校的代表召开联席会议,赞成组织清室善后委员会清理故宫藏宝,并就古物的处理通过如下决议:关于清室古物宝器,希望成立一完全美满之图书馆、博物馆,由国家直接管理,并邀集各机关参加监视,期在公开保存,俾垂永远。[①]11月20日,"办理清室善后委员会"宣告成立,李煜瀛被聘为委员会委员长,委员会由政府和清室双方人士组成。该会主要职责包括:会同军警长官与清室代表,办理查封接收故宫珍宝;审查区别公私物件,并编号公布;保管宫殿古物;筹建长期事业如图书馆、博物馆等。但清室代表无人到会,他们主张善后委员会不必建立,应设置清宫管理处,由清宫自行清理保管。11月24日段祺瑞临时执政府成立后,按《清室善后委员会组织条例》的规定,决定成立博物馆筹备会,聘请易培基为筹备会主任。此后,清室善后委员会组织人力对深藏宫禁的珍宝逐一登记,化私产为公产。

"办理清室善后委员会"经郑重遴选,推定21名董事,他们都是地位显赫的军政界要人和声名洋溢的要人、学者教授,如张学良、熊希龄、鹿钟麟、卢永祥、蔡元培、许世英、于右任、吴敬恒等。这种安排主要是为了显示社会各界的支持,寻求博物院的保护力量,确保其长远发展。执行故宫博物院管理事务的理事会9人名单如下:李煜瀛、

---

① 《教育界与清室古物》,《顺天时报》1924年11月23日。

黄郛、鹿钟麟、易培基、陈垣、张继、马衡、沈兼士、袁同礼。各理事推定李煜瀛为理事长，暂不设院长，由李煜瀛以理事长身份主持院务。9月29日，李煜瀛手书的"故宫博物院"匾额已高悬在神武门城楼上方。1925年10月10日，在故宫乾清门举行故宫博物院开院典礼。

神武门大门洞开，昔日百姓可望而不可即的紫禁城一夜之间成为民众自由出入的博物院。历经沧桑近500年的紫禁城终于掀开了其森严和神秘的面纱。为庆祝博物院的成立，将原定为一元的参观门票减为五角，优待参观两天，开放区域包括御花园、后三宫、西六宫、养心殿、寿安宫、文渊阁、乐寿堂等处，增辟古物、图书、文献等陈列室供人参观。《社会日报》报道："唯因宫殿穿门别户，曲折重重，人多道窄，汹涌而来，拥挤至不能转侧。殿上几无隙地，万头攒动，游客不由自主矣！且各现满意之色，盖三千年帝国宫禁一旦解放，安得不惊喜过望，转生无穷之感耶？"①与故宫渊源深厚并在此工作多年的文物专家朱家溍，曾在博物院对外开放的当天随父母、哥哥、姐姐来到这里。虽然他当时只有12岁，但记忆十分清晰，细节描述十分到位：

寝宫里，桌上有咬过一口的苹果和掀着盖的

---

① 林白水：《故宫博物院之不满意》，《社会日报》1925年10月13日。

饼干匣子；墙上挂的月份牌（日历），仍然翻到屋主人走的那一天；床上的被褥枕头也像随手抓乱还没整理的样子；条案两头陈设的瓷果盘里满满地堆着干皱的木瓜、佛手；瓶花和盆花仍摆在原处，都已枯萎；廊檐上，层层叠叠的花盆里都是垂着头的干菊花。许多屋宇都只能隔着玻璃往里看。窗台上摆满了外国玩具，一尺多高的瓷人，有高贵的妇人，有拿着望远镜、带着指挥刀的军官，还有猎人等等。桌上有各式大座钟和金枝、翠叶、宝石果的盆景。洋式木器和中式古代木器掺杂在一起，洋式铁床在前窗下，落地罩木炕靠着厚檐墙。古铜器的旁边摆着大喇叭式的留声机，宝座左右放着男女自行车。还有一间屋内摆着一只和床差不多高的大靴子。①

故宫博物院的开放是继法国大革命开放卢浮宫、俄国十月革命开放艾尔米塔什之后的一次东方博物馆史上的大事件，古老的帝国之都开始走向新的起点。故宫博物院的建立，与此前已经成立11年的古物陈列所不同。它是一所现代意义上的公共博物馆，吸收社会各界名流组建故宫

---

① 朱家溍：《一个参观者对故宫博物院的印象》，选自《故宫退食录》下，紫禁城出版社，2009年，第573页。

博物院董事会、理事会，创建新型管理体制，确立制度保障，依靠一批专业学者参与具体工作，及时清点文物并向社会公布，不断推出各种专题文物展览，陆续创办数种刊物公开发行，吸纳社会赞助修缮危损建筑。正如马衡所言：

> 吾国文化上之建设，图书馆方面规模粗有可观；而博物馆之设施，尚在萌芽。民国以前，无所谓博物馆，自民国二年政府将奉天、热河两行宫古物移运至北京，陈列于武英、文华二殿，设古物陈列所，始具博物馆之雏形，此外大规模之博物馆，尚无闻焉。有之，自故宫博物院始。①

1928年6月27日，国民政府委员经亨颐提出"废除故宫博物院，分别拍卖或移置故宫一切物品"案。他的理由包括：设故宫博物院，就要"研究宫内应如何设备，皇帝所用的物事应当如何办的，岂不是预备那个将来要做皇帝，预先设立大典等处吗"？同时，"皇宫物品为什么要重视？据我的理想，皇宫不过是天字第一号逆产就是了。逆产应当拍卖，将拍卖大宗款项，可以在首都造一所中央博

---

① 马衡：《组织中国博物馆学会缘起》，《中国博物馆协会会报》1935年第1卷第1期。

物馆"。对于该提案,故宫同人联名反驳,强调博物院是为了保存数千年来中国文化之精粹。反对最力者为故宫博物院理事张继,他以大学院古物保管委员会主席名义,呈文中央政治会议:"故宫已收归国有,已成国产,更何逆产之足言,故宫建筑之宏大,藏品之雄富,世界有数之博物院也。""设立专院,使之责成,而垂久远。后来学者幸甚,世界文化幸甚!"。[1]经过多方努力,经亨颐提案被否决,国民政府随即颁布《故宫博物院组织法》,故宫得以继续保留。

1929年3月,国民政府任命李煜瀛为故宫博物院理事会理事长,易培基为故宫博物院院长,任命27名理事,多为国民党中央与政府领导机构的重要人物,并在博物院下属成立了秘书处、总务处。此后一直到七七事变爆发前,故宫都处于稳定、快速发展的时期。1929年10月10日,在故宫博物院成立四周年之际,作为理事会理事长,李煜瀛如此给故宫博物院定位:

> 希望故宫将不仅为中国历史上所遗留下的一个死的故宫,必为世界上几千万年一个活的故宫。以前之故宫,系为皇室私有,现已变为全国公物,

---

[1] 吴瀛:《故宫博物院前后五年经过记》卷二,故宫博物院,1932年,第32—37页。

或亦为世界公物，其精神全在一公字。余素主张，使故宫博物院不为官吏化，而必使为社会化，不使为少数官吏的机关，必为社会民众的机关，前在清室善后委员会时代，曾请助理员顾问数在百计，帮同点查，以示公开，即现在此工作人员，薪水微薄，因彼等目的，非为权利，实在牺牲，共谋发展。总之故宫同人，在此四年中，对于一公字，已经做到具体化。①

由于故宫博物院的创始人多与南京政府有密切联系，因此在1928年以后，故宫博物院一跃成为直属于国民政府的重要机构。以蒋介石为首的政界、军界、财界、学界等许多头面人物出任博物院理事，而古物陈列所则一度改归为南京政府内政部北平档案保管处管理，二者之间的差异可见一斑。

1922年，瑞典艺术史学家喜仁龙（1879—1966）在退位皇帝溥仪的陪同下，考察了包括紫禁城在内的多处皇家建筑，并获准测绘北京内外城的城门与城墙。在此基础上，他先后出版了《北京的城墙和城门》（*The Walls and Gates of Peking*）与《中国北京皇城写真全图》（*The*

---

① 《清故宫须为活故宫》，台北中国国民党中央委员会党史委员会编印：《李石曾先生文集》下册，1980年，第241—242。

Imperial Palaces of Peking），后者是喜仁龙研究紫禁城的主要成果。

喜仁龙并不是第一个研究紫禁城的外国学者。早在1900年八国联军侵占紫禁城之时，日本的伊东忠太（1867—1954）就以现代建筑学的方法，开始对紫禁城建筑进行拍照、测绘，并主导出版了一系列研究成果，如《清国北京皇城写真帖》《北京皇城的建筑装饰》等。喜仁龙在整理出版《中国北京皇城写真全图》时，得到了伊东忠太的支持，引用了10张伊东当年所绘的图纸。此外，该书还引用了一张德国远征军地形部门于1900年至1901年间测绘的北京皇城平面图，以及瑞典建筑师斯塔克（1885—1960）所绘的3张紫禁城中轴线建筑群平面图。

喜仁龙并没有孤立地研究紫禁城，而是将其作为皇宫的代表纳入都城这一更大的范围，统筹进行研究。他认为，中国人建造都城和皇宫的历史是一脉相承的，最早可以追溯到唐代的都城长安城（隋大兴城）以及著名的大明宫。长安城最显著的特点就是棋盘状的平面布局，主干街道都是正南北或东西向。平直的街道将城市平面整齐划分为若干方形空间——"坊"，每个"坊"还可通过较狭窄的街道细分为四个更小的空间。唐高宗建造的大明宫，是中国宫殿建筑的巅峰之作，坐落于都城的北部，矩形平面，正对四方。所有主要建筑和院落呈线性布置，形成建筑群的中轴线。规模宏大的礼制性建筑（大殿）位于中轴线前部，被称为"外朝"；后部是"内廷"，有一些小型办公建筑。宋汴梁城和汴京宫继承了唐代的传统，而元大都建设时再次继承并延续至今，从而使北京城和紫禁城呈现出古老的特征。

1911年辛亥革命推翻了清王朝的统治，但直到1924年11月，末代皇帝溥仪才被逐出皇宫。喜仁龙考察紫禁城的1922年正好处于过渡时期，从而看到了极具时代特色的紫禁城。当时，外朝部分已经由北洋政府管理，政府设置在当时的三海区域，而溥仪、妃嫔以及服务人员仍在内廷区域生活。所以喜仁龙对紫禁城的考察活动，需由溥仪陪同。

喜仁龙从南至北，沿中轴线参观了紫禁城。当时，外朝的主要建筑已经向公众开放，但是天安门和午门尚不允许通行，游客只能通过西华门和东华门出入。在喜仁龙看来，不能从南门进入紫禁城十分遗憾，因为从南边开始的整体平面布局显得更加有逻辑。喜仁龙依次参观了午门、太和门、太和殿、中和殿和保和殿。当时保和殿两侧围墙将外朝与内廷隔离，只有从北侧才能到达保和殿后墙，保和殿以北的区域游人无法到达。之后，喜仁龙考察了外朝中轴线两侧的辅助建筑，弘义阁和体仁阁、左右翼门、文华殿和武英殿、义渊阁、传心殿、咸安宫、南薰殿。到达内廷后，喜仁龙依次记录了乾清门、乾清宫、交泰殿、坤宁宫、御花园、钦安殿、神武门，以及两侧的隆福门、景和门、养心殿、永寿宫、翊坤宫、宁寿宫、奉先殿、景阳宫、永和宫、延禧宫、雨花阁、宝华殿、中正殿。不过从总体上看，喜仁龙对北京古建文物的颓败现状十分惋惜：

> 北京的雄奇壮丽和图画般的美究竟还能维持多少年？每年有多少金饰雕刻的店面牌楼被毁坏无存？有多少设有前廊和巨大花园（里面设置着充满奇趣的假山和亭阁）的古老住宅被夷为平地，而让位于半新式的三、四层的砖造建筑？有多少古老的街道被展宽，多少皇城周围华丽的粉红色宫墙为了铺设电车轨道而被拆毁？古老的北京城正被迅速地破坏，它已失去昔日皇城的面目，但却没有一届政府去设法保护它那些最值得骄傲、最珍贵的古迹。既然中国已经成为一个"民国"，人们又有什么必要去关心昔日的美呢？[1]

喜仁龙是一位涉猎广泛的西方艺术史学家。基于这次考察，他思考了一系列有关中国城市史和建筑史的问题，并对紫禁城建筑的功能和形制进行了深入的探讨。他以丰富的照片和严谨的文字将1922年的紫禁城定格下来并呈现

---

[1] ［瑞典］奥斯伍尔德·喜仁龙著，许永全译：《北京的城墙和城门》，北京燕山出版社，1985年，第29页。

给今人，为故宫世界遗产的保护提供了弥足珍贵的史料。①

1930年中原大战结束后，南京方面基本上确立了对北平的全面控制。同年10月，易培基提出"完整故宫保管计划"议案，拟将古物陈列所与故宫博物院合并，将中华门以北各宫殿，直至景山、太庙、皇史宬、堂子、大高玄殿一并归入故宫博物院，后因时局不宁，合并一事一直未能实现。

1931年九一八事变爆发，东北沦陷，北平也受到威胁，故宫博物院决定精选文物避敌南迁南京、上海等地。南迁工作于1932年秋启动，直到1933年5月最后一批南迁文物运走。同时南迁的，还有古物陈列所保管的文物。两处先后南迁的文物共5批，包括铜器、瓷器、书画、玉器、珐琅、雕漆、珠宝、钟表等10余类，总计13400多箱迁到上海。1933年，故宫博物院改隶国民政府行政院。

1937年七七事变爆发后，这批文物又奉命避敌西迁。从1937年8月至1939年9月，文物分南、中、北三路，向后方转移。南抵贵州，中达四川，北至陕西，水陆兼程，辗转万里。在战时特定的环境下，故宫的文物被作为国家存亡的象征，文物本身的命运与民族、国家的命运联系在了一起："在某种程度上，它所带有的象征意义尤为重大，

---

① 程枭翀：《解读瑞典学者喜仁龙眼中的紫禁城》，《建筑遗产》2020年第4期。

在战时保存国家文化命脉，是免于民族沦亡的重要手段，也体现了民族文化生存的决心。在这个语境中，文化遗产所传达的意蕴，又一次超过了遗产价值本身。"①

抗日战争胜利后，故宫博物院奉命复原，仍由院长马衡主持工作。根据上级安排，陆续接管了几批散失在外的文物，同时也接收了一些私人收藏家捐献的物品，并收购了一些流散文物。1946年12月3日，行政院决议：故宫博物院依然隶属行政院，但将古物陈列所归并于故宫博物院下，古物陈列所留存北平文物（88202件）及所辖房屋馆舍，拨交故宫博物院。1948年3月1日，古物陈列所正式并入故宫博物院，结束了两馆并立的局面，古物陈列所南迁文物全部拨付中央博物院筹备处。4月3日，博物院开始接收古物陈列所原寄管的美国人福开森文物，代为管理。9月1日开始点收古物陈列所文物，11月22日结束。故宫院区从此完全统一，格局乃臻完整。此后，随着政治军事形势的变化和面临的各项经费短缺的窘境，故宫博物院的工作又进入了维持状态。原由博物院管理的太庙、景山两处，亦被国民党军队强行占用，停止开放。

1948年9月，国民政府命令故宫博物院空运文物精品到南京。由于马衡采取消极态度拖延执行，空运未能实

---

① 郭长虹：《故宫图像：从紫禁城到公共遗产》，《国际博物馆》（中文版）2008年第1、第2期。

现。同年年底至1949年初，南京解放前夕，国民政府从南迁文物中选取2972箱运往台湾，成立了台北故宫博物院，从此院藏文物被分隔两地。

1948年底，解放军围住北平城。12月17日，毛泽东亲笔起草中共中央军委给平津战役总前委的电报，要求充分注意保护北平工业区及文化古迹："沙河、清河、海甸、西山等重要文化古迹区，对一切原来管理人员亦是原封不动，我军只派兵保护，派人联系。尤其注意与清华、燕京等大学教职员学生联系，和他们共同商量如何在作战时减少损失。"次日，民主人士张奚若带领解放军干部拜访建筑学家、清华大学教授梁思成，绘制北平文物地图，以期被迫攻城时保护文物之用。1949年1月16日，毛泽东在给平津前线总前委林彪等的电报中，特别提到了要保护故宫："此次攻城，必须作出精密计划，力求避免破坏故宫、大学及其他著名而有重大价值的文化古迹，……你们对于城区各部分要有精密的调查，要使每一部队的首长完全明了，哪些地方可以攻击，哪些地方不能攻击，绘图立说，人手一份，当作一项纪律去执行。"

1949年1月31日，北平和平解放。2月7日，国立北平故宫博物院重新开放。2月19日，北平市军管会文化接管委员会派钱俊瑞、尹达、王冶秋办理接管故宫博物院事宜。3月6日，在故宫太和殿召开全院职工参加的接管大会，由故宫博物院文物部部长尹达宣布正式接管故宫博物院。整个接管工作于1949年3月完成。1950年2月,国立北平故宫博物院更名为国立北京故宫博物院,1951年6月又改称故宫博物院。

新中国成立后,北京成为首都。在制定城市规划时,苏联专家提出要拆除故宫,把中央行政区放在故宫的位置。一些老干部也提出要拆除故宫,说一见到故宫,就想到封建主义统治下的中国穷人受苦受难。梁思成与城市规划专家陈占祥共同提出中央行政区应在古城外的西部地区建设,以求得新旧两全、平衡发展。

1957年春,北京市规划委员会提出《北京城市建设总体规划初步方案》。该方案提出,要对北京城进行"根本性改造","坚决打破旧城市对我们的限制和束缚"。这份方案把目光瞄准了故宫。1958年9月,北京市发布《北京市总体规划说明(草稿)》,提出:"把天安门广场、故宫、中山公园、文化宫、景山、北海、什刹海、积水潭、前三门护城河等地组织起来,拆除部分房屋,扩大绿地面积,使成为市中心的一个大花园,在节日作为百万群众尽情欢乐的地方。"1959年,北京市城市建设委员会提出,可以保护"天安门以及故宫里的一些建筑物","故宫要改建成一个群众性的文体、休憩场所"。这种提法暂时使故宫摆脱了被整体拆除的危机。

1959年6月15日,中共北京市委文化部向中宣部报送了对故宫博物院"地广物稀、封建落后"情况进行适当改革的方案。1959年6月22日，中宣部部长办公会议否定了这个方案。中宣部部长陆定一在会上说：

> 故宫改革方案文件的精神要整个考虑一下。……我们就是要保留一些封建皇帝的东西。不然的话不能古为今用。解放后几年以来，人们对故宫的兴趣越来越少，恐怕是因为故宫改得多了，应该再恢复一些。
>
> 什么是精华？什么是糟粕？文件中的提法值得考虑，我看故宫应算精华，而不是糟粕。
>
> 我们对故宫应采取谨慎的方针，原状不应该轻易动，改了的还应恢复一部分。
>
> 故宫的性质，主要应该表现宫廷生活，附带可搞些古代文化艺术的陈列，以保持宫廷史迹。
>
> 讲解说明要实事求是地讲清这些史迹即可，少说一些标语口号。
>
> 关于故宫藏品的清理，不要忙于进行，外面向故宫来要东西的先压一压，不必有求必应，大量外调。仓库不够可另搞一些，仓库要现代化，以免藏品受损失。关于房子改造问题，小房、小墙可以拆一些，但要谨慎。马路可以宽一些，这是为了消防的需要，不是为了机动车进去。故宫就是要封建落后，古色古香。……搞故宫的目的

> 就是为了保留一个落后的地方,对观众进行教育,这就是古为今用,这点不适用于其他各方面的工作。
>
> 故宫的方针,第一条是保持宫廷史迹,使人能详细地、具体地了解宫廷生活;第二条才是古代文化艺术的陈列。①

1971年7月5日,故宫博物院在关闭4年后恢复开放。1972年,美国总统尼克松、日本首相田中角荣参观故宫。故宫又为海内外所关注。进入改革开放新时期,特别是故宫列入世界文化遗产名录后,故宫的价值更为人们所重视,故宫研究逐步深入。

根据2011年世界遗产第二轮定期报告要求的对遗产有关表述的调整,故宫的完整性和真实性声明如下:

> 完整性。明清故宫自清王朝覆灭之后,其保护一直受到人们的重视与关注,现已划定的遗产区完整囊括了承载遗产的创造精神、影响力、历史见证和建筑典范等价值的所有元素,完整保存了历史规模、建筑类型、其他构成要素和15世纪

---

① 《陆定一同志对故宫博物院改革方案的意见》,1959年6月22日,转引自故宫博物院档案。

之后、特别是17～18世纪的中国宫廷建筑的技术与艺术成就，完整保存了明清宫廷文化各类载体以及满、汉生活方式的特征与交流融合的历史信息。缓冲区则完整保存了宫殿建筑群在城市历史上的空间序列和皇城环境。

真实性。明清故宫、特别是北京故宫真实保存了中国礼制文化在建筑群体布局、形制与装饰等方面的杰出体现；真实保存了以木构为主体的中国官式建筑技术与艺术的最高成就，传承了传统工艺；真实保存了可见证明清皇家宫廷文化的各类载体，以及由此展现的中国明清时期皇家宫廷的生活方式与价值观；沈阳故宫真实保存了17～18世纪期间满族宫殿建筑的历史格局、地方建筑风格特征以及满、汉民族之间在生活方式上的交流信息。

2001年11月，国务院召开了"关于研究故宫古建筑维修和文物保护有关问题"的会议，决定对故宫进行百年来规模最大的一次维修。为了落实国务院的决定，故宫博物院组织制定《故宫保护总体规划大纲（2003—2020）》（以下简称《大纲》）。经过对故宫保护和管理情况的调查研究，作出评估结论，提出保护原则、对策和工程的方针，以此作为修缮工程计划安排的具体依据。故宫维修，真实性、完整性、延续性是三个重要而互相联系的关键词，即保护故宫本体及其环境的完整性，保存故宫本体的真实性，保持故宫本体的延续性。

《大纲》还确定了九项基本对策。从完整保护思路出发，百年大修必然是全面维修，因此又提出了五大任务：保护故宫整体布局，彻底整治故宫内外环境；保护故宫的文物建筑，使其延缓或修复自然力和人为造成的破坏，"祛病延年"；系统改善和配套基础设施，管道入地，恢复古建筑景观；合理安排文物建筑利用功能，科学调整展陈、库藏、服务、管理等各类功能的配置和规模；提高展陈艺术品位与改善文物展陈及保护环境。

《大纲》遵照文物工作方针，对故宫的保护与利用进行了科学、合理的统筹策划，指导思想正确，提出的基本对策和措施可行。国家文物局根据国务院办公厅要求，批复了《大纲》。正是在《大纲》的指引下，紫禁城的利用和保护不再仅着眼于当下，而是着眼于"世代传承"。此举将会让北京中轴线上的这颗宝珠一直绽放光彩。

天安门广场

天安门位于北京皇城南垣正中，始建于明永乐十五年（1417），十八年（1420）建成，当时为一座黄瓦飞檐三层楼式的五座木牌坊，牌坊正中高悬"承天之门"的匾额，称"承天门"，其名寓有"承天启运"和"受命于天"的含义，表示皇帝是受命于天，替天行使权力，理应万世为尊。承天门建成后，屡经兴废，明末李自成撤出北京时，承天门被毁。清顺治八年（1651）重建，即我们目前看到的样式，但将"承天门"更名为"天安门"，既包含了皇帝是替天行使权力、理应万世至尊的意旨，又寓有"外安内和，长治久安"的含义。康熙二十七年（1688），天安门再次重修。

帝制时代，天安门前是一个封闭的"T"字形宫廷广场，又称天街，四周宫墙环绕，属皇家禁地，普通百姓难以一窥全貌。广场东西两端建有长安左门与长安右门，自天街向南凸出的部分，止于大清门。大清门门内东西两侧，沿宫墙之内，修建有千步廊，"列六部于左，列五府于右"，两侧集中了中央政权机构的绝大部分衙署，包括行政与军事机关，是各部议事、办公的场所。《日下旧闻考·国朝宫室》载："大清门之内千步廊，东西向，各百有十间。又折而北向，各三十四间，皆联檐通脊。凡吏、兵两部月选官掣签，刑部秋审，礼部乡会试磨勘，聚集于廊坊之左右。千步廊东接长安右门，西接长安左门，门各三阙，东西向，两门之中南向者天安门，五阙，上覆重楼九间，彤扉三十有六，为皇城正门。"又称"皇城四门，南即天安，北曰地安，东曰东安，西曰西安。天安门前环御河跨石梁七，即外金水桥"，"外金水桥前立华表二，门之内立华表二"。[1] 这样一种设计将中央政权核心机构与紫禁城通过宫廷广场联为一体，形成了以紫禁城为中心的最高国家机器向全国发号施令。北京城的结构与格局充分突出了城市政治中心的作用。

明清时期，北京皇城作为保卫、侍奉、供应皇家的外院御用基地，在整体格局上与紫禁城联为一体。皇城从四面围绕紫禁城，其门制是：东、西、北三面的红墙各辟一门；唯南面沿中轴线则建为三重门，称作皇城三大中门。这三大中门，一是紫禁城午门正南之端门，二是端门正南之承天门，三是承天门正南之大明门。另外，承天门前左右分设长安左门、长安右门。这种设计突出了皇家的至尊地位，同时也将内廷、外朝与皇城贯通。乾隆十九年

---

[1] 《日下旧闻考·国朝宫室》卷9。

（1754），把长安左、右门外的街道增筑围墙，作为广场两翼的延伸部分，其东西两端又各建一门，分别叫作东三座门、西三座门。增设两门这样的建筑手法，更加突出了空间的序列和层次，更加强调了帝王宫阙的门禁森严。

对于整个宫廷广场在建筑上的效果及其意识形态功用，侯仁之在《天安门广场：从宫廷广场到人民广场的演变和改造》一文中有一段非常精辟的论述：

> 整个宫廷广场，都保持着严格的轴线对称，周围绕以色彩浓郁的红墙，层层封闭。正中央是一条狭长而又笔直的石板大道，一直伸向天安门前。大道东西两边，傍红墙内侧，是联檐通脊的千步廊，一间一间地排列下去，显得有些矮小单调。但是对比之下，矗立在大道尽头横街对面的天安门，就显得格外雄伟、格外壮丽。其目的也是要通过建筑物的低小与高大、简单与豪华在形象上的对比，以及利用中心大道的纵长深远和大道尽头一带横街的平阔开展这种空间上的突然变化，来显示帝王之居的尊严华贵以及皇权统治的绝对权威。①

---

① 《天安门广场：从宫廷广场到人民广场的演变和改造》，载侯仁之：《北京城的生命印记》，生活·读书·新知三联书店，2009年，第340页。

天安门及其前面的宫廷广场不仅有着建筑上的意识形态功用，还有着礼仪、政治等方面的实际用途，如其中一项重要的国家典礼就是颁诏。凡遇皇帝驾崩、登极、亲政、册立皇后等，都被看作国家大典，照例要在天安门上举行颁诏。颁诏仪式从皇宫内就已经启动，有一套繁杂的程序。颁诏仪式，明代曾于洪武二十六年（1393）、嘉靖六年（1527）作出规定。嘉靖时人邱云霄曾作为候诏百官中的一员，在天安门外桥南等候颁诏。其《至日祀南郊归候承天门颁诏》诗云：

> 岁徂燕旅怜为客，郊建龙旂走从臣。
> 青琐初传仙仗晓，黄麻遥度凤楼春。
> 时崇礼乐衣冠重，阳动乾坤草木新。
> 雨露共深惭白首，涓埃何以荅丹宸。

颁诏仪式在明清时期虽经数次变更，但基本流程变化不大。诏书放在"云盘"里，由礼部尚书从太和殿捧出太和门，又用"龙亭"抬上天安门。这时文武百官以及一些来自民间的"耆老"齐集在金水桥南，朝向天安门跪拜。整个过程伴随有钟鼓之乐，呈现出一种庄严肃穆的气氛。宣诏官在天安门城楼上"宣诏"后，随即用一个木雕的金凤凰，口衔诏书，从城楼的正中，徐徐系下，由礼部官员托手"朵云"，接下诏书，置入"龙亭"，抬到广场东侧的礼部，再用黄纸誊写，传送全国各地。清康熙年间时任翰林院检讨的毛奇龄也写下《天安门颁诏》：

> 双阙平明卷雾开，九重颁诏出层台。
> 幡悬木凤衔书舞，仗立金鸡下赦来。
> 彩楗横时天宇豁，黄封展尽圣心裁。
> 策灾本是贤良事，何处还寻杜谷才。

清代金凤衔诏的情景，也在日本人冈田玉山等编绘的《唐土名胜图会》一书中得到展示。《唐土名胜图会》约刊于19世纪初，对清代乾隆嘉庆年间的风土人情做了细腻的刻画。其中《天安门颁诏》一图，描绘的正是金凤衔诏的情景。1912年2月12日，清帝逊位，国体转为共和，天安门上的金凤完成了最后一次衔诏。

帝制时代，最高一级的国家考试——殿试，在紫禁城的保和殿举行。殿试完毕后，凡是考取进士的，都要在殿上传呼姓名，然后把姓名写在"黄榜"上，捧出午门，放进"龙亭"，用鼓乐导引，经天安门转出长安左门，张挂在临时搭起的"龙棚"里。名列榜首的状元率领看榜，随即由顺天府尹给状元插金花，披红绸，接到府衙里饮宴祝贺。这就叫作"金殿传胪"。对于士子们来说，一旦金榜题名，便会"鲤鱼跳龙门"，成为"一举成名天下知"的新权贵。因此，长安左门就有"龙门"之称。当时皇帝诏令有关官吏，每年在广场西侧的千步廊旁，分别举行"秋审"和"朝审"，也就是对全国各地已判死刑的犯人，复审定案。犯人被带入长安右门后，如入虎口，一般说来都是难逃活命的，因此宫廷广场西端的长安右门又俗称"虎门"。

民国成立后，天安门前广场不再是皇家禁地。长安左门与长安右门首先在1912年被拆除，仅剩门阙，俗称三座门。为了适应新的社会要求，北洋政府内务部总长朱启钤启动改造旧都城计划。1913年，拆除大清门内东、西千步廊及东、西三座门两侧围墙，开辟了天安门前的东西大道，并允许市民从神武门与景山之间的道路通行，从而打通了宫城南北的两条交通干线。1914年，千步廊被全部废除，东、西三座门相继被拆掉，广场南端的大清门改称中华门，从中华门到天安门的道路开放。至此，普通百姓也可以自由穿越长安街，或者自前门入中华门，沿着曾经的御道一直向前，一睹天安门的真面目。1914年11月至1920年，在东、西三座门和中央公园门前修筑沥青路。

民国时代，北京的街道命名也开始具有了崭新的意味，长安左门到长安右门之间的道路一度被命名为中山路。其东为东三座门大街，再向东为长安街。西面为西长安门大街，再向西是府前街，又向西是西长安街，北京东、西城得以贯通。1921年西长安街改建成沥青路。1924年北京开始通行有轨电车，有三条路线通过广场及东、西长安街。1928年,东长安街也改建成沥青路。新的时代、新的变化,也给经过的人带来了新的感觉。1927年的某一雪夜,年轻的女作家石评梅在来到天安门后,便不由感慨:

> 过了三门洞,呵!伟大庄严的天安门,只有白,只有白,漫天漫地一片皆白,我一步一步像拜佛的虔诚般走到了白石桥梁下,石狮龙柱之前,我抬头望着红墙碧瓦巍然高耸的天安门,我怪想着往日帝皇的尊严,和这故宫中留下的荒凉。踏上了无人践踏的石桥,立在桥上远望灯火明灭的正阳门,我傲然的立了多时,我觉着心境逐渐的冷静沉默,至于无所兴感这又是我的世界,这如梦似真的艺术化的世界。①

而郑振铎1934年在天安门前看到的景象则是:

> 黄金色的琉璃瓦在太阳光里发亮光;土红色的墙,怪有意思的围着那"特别区"。入了天安门内,你便立刻有应接不暇之感。如果你是聪明

---

① 石评梅:《雪夜》,载《石评梅作品精选》,云南人民出版社,2019年,第197页。

的，在这里，你必得跳下车来，散步的走着。那两支白石盘龙的华表，屹立在中间，恰好烘托着那一长排的白石栏杆和三座白石拱桥，表现出很调和的华贵而苍老的气象来，活像一位年老有德、饱经世故、火气全消的学士大夫，没有丝毫的火辣辣的暴发户的讨厌样儿。春冰方解，一池不浅不溢的春水，碧油油的可当一面镜子照。正中的一座拱桥的三个桥洞，映在水面，恰好是一个完全的圆形。你过了桥，向北走。那厚厚的门洞也是怪可爱的。①

不同人眼中的天安门完全不同，是因为天安门在不断变化。即使战争环境下，天安门广场依然在不断地变化。1939年日本帝国主义侵华时期，内城东西两端曾开辟启明（今建国门）、长安（今复兴门）两个豁口，并形成延长线，从启明门至八王坟，长安门至玉泉路辟6米宽的砾石路面，护城河上架设木桥。这样，原本封闭的宫廷广场彻底变成可自由穿行和逗留的开放空间，成了具有现代意义的广场。

    天安门确实是不断变化的，这种变化不单是

---

① 郑振铎：《北平》，载《我，郑振铎》，哈尔滨出版社，2020年，第84页。

外在的景观，还有一些留在人心中的东西在一直发酵。天安门虽然曾经是帝王尊严的象征，但经过历史的沉淀，已经逐渐成为民族尊严和民族精神的物化形式。老舍《四世同堂》写祁瑞全回到北京的这段文字，最能表达危难时刻人们对天安门的情感：

扛着行李，瑞全慢慢的进了前门。一看见天安门雄伟的门楼，两旁的朱壁，与前面的玉石栏杆和华表，瑞全的心忽然跳得快了。伟大的建筑是历史、地理、社会与艺术综合起来的纪念碑。它没声音，没有文字，而使人受感动，感动得要落泪。况且，这历史，这地理，这社会与艺术，是属于天安门，也属于他的。他似乎看见自己的胞衣就在那城楼下埋着呢。这是历史地理等等的综合的建筑，也是他的母亲，活了几百年，而且或者永远不会死的母亲。

是的，在外边所看到的荒村，与两岸飞沙的大河，都曾使他感动。可是，那感动似乎多半来自惊异；假若他常常看着它们，它们也许会失去那感动的力量。这里，天安门，他已看见过不知多少次，可是依然感动他。这里的感动力不来自惊异与新奇，而且仿佛来自一点属于"灵"的什么，那琉璃瓦的光闪，与玉石的洁白，像一点无声的音乐荡漾到他心里,使他与那伟大的建筑合成一体。①

20世纪40年代后期,由于受到战争影响与破坏,天安门广场前疏于管护,杂草丛生,地面坎坷不平,一派荒芜景象。北平和平解放后,北平市政府随即发动群众开展义务劳动,清除垃圾,疏浚河道,天安门广场面貌有了明显改观。1949年8月,为迎接开国大典,北平市政府再次对天安门广场进行突击式整治,包括清除广场内的地面障碍物,修整天安门、中华门和东、西三座门的门楼顶部,搭设临时观礼台,并将天安门城楼前的华表与石狮向斜后方移动,加宽了进入天安门的通道,拓宽了五道桥前的石板路,伐掉了金水河前妨碍视线的树木。在广场内的道路上铺装沥青路面,安装22.5米高的电力控制大旗杆。9月底,天安门广场焕然一新。10月1日,开国大典在此举行。

为纪念在人民解放战争和人民革命、民族解放、民主运动中牺牲的人民英雄,1949年9月30日,中国人民政治协商会议第一届全体会议通过决议,要在首都北京建造一座纪念碑。它既是对过往的记录与怀念,也是一种承诺和铭记。当坚硬的石头成为载体,那些易逝的文字可以流传万年。当天下午,毛泽东率领全体政协委员在北京天安门

---

① 老舍:《四世同堂》,人民文学出版社,1998年,第913页。

广场举行奠基典礼。随后，毛泽东宣读碑文，并亲自执锹培土。

1950年6月10日，北京市都市计划委员会召集会议，专题讨论纪念碑建设问题，确立了几个原则。第一，纪念碑的象征范围，要以中国人民政治协商会议第一届全体会议通过的人民英雄纪念碑碑文为准，建碑目的是在人民解放战争胜利的基础上，纪念为国牺牲的人民英雄们。此外，还要为人民大众所接受，所以纪念碑及其附属设计要简洁明了，并采用中国人民所熟悉的民族形式。第二，纪念碑北有天安门，南有正阳门，置身于这样恢宏的中国传统建筑群里，纪念碑的设计应以不破坏原有建筑物环境系统为原则，还要照顾由正阳门向北看天安门的视线，尽量避免阻碍，以适当的高度和正常的视线作为根据。第三，对于纪念碑材料的选择，应考虑当时技术上存在的困难。第四，设计纪念碑时还应考虑实用性需要，比如献花方式等，还要考虑游人通过及游览路线、夜用照明设施等问题。根据以上原则，会议决定，由都市计划委员会负责或请其他各单位拟具草图，再交由都市计划委员会讨论。

建造人民英雄纪念碑意义重大，关于表现形式，有人主张用"亭"，有人主张用"堂"，有人主张用"塔"，有人主张用"雕像"，但大多数人的意见，还是主张采用纪念碑的形式。几经反复后，有关方面最终决定放弃那些亭、堂、塔等低矮形式的方案，而是采用高耸而挺拔的碑的形式，以表达人民英雄为祖国昌盛富强的事业而牺牲的崇高精神，使人民群众在瞻礼时能够油然而生景仰之心。

1952年5月10日，首都人民英雄纪念碑兴建委员会正式成立，由时任北京市委书记的彭真担任主任，副主任为郑振铎、梁思成。8月1日修建纪念碑工程正式开工，1958年5月1日正式在中轴线上落成。纪念碑坐南朝北，方柱造型，由1.7万多块花岗岩和汉白玉砌成，通高37.94米，由碑首、碑身、碑座和台基组成。碑首为带云纹的庑殿顶，下面有重幔装饰。纪念碑在继承碑碣传统设计的基础上，吸收西洋古典建筑设计手法，对碑顶、碑身、基座进行适当创新，塑造既高耸挺拔又庄重敦实的纪念碑形象。

人民英雄纪念碑碑身正面镶嵌着一块巨型花岗石，上面镌刻着毛泽东手书的"人民英雄永垂不朽"8个大字；背面镌刻着毛泽东起草、周恩来题写的碑文。碑座为双重须弥座，下层须弥座四面，共镶嵌10幅汉白玉主题浮雕像，按照东南西北的顺时针方向，依次为《虎门销烟》《金田起义》《武昌起义》《五四运动》《五卅运动》《南昌起义》《抗日游击战争》《胜利渡长江》，在北面正中《胜利渡长江》的两侧为2幅装饰性浮雕《支援前线》《欢迎人民解放军》。这10幅大型石雕作品，由历史学家范文澜初拟史料题材，由中央审定。吴作人、董希文等8位画家负责画稿，刘开渠等8位雕塑家负责雕刻。

人民英雄纪念碑主材料碑心石采用青岛浮山一块重达

280吨的巨型花岗岩。这是中国建筑史上少有的完整的花岗岩，其使用寿命可达800～1000年。以当时的技术条件，开采和运输这样一块巨石，难度之大可想而知。自1953年4月开始开采到将巨石加工成94吨，再运抵天安门广场纪念碑工地，耗时半年。纪念碑其他部分的花岗岩，选取的是来自泰山、昌平、周口店等地的石材。为了减轻建筑压力，碑身采用空心设计，两侧装饰着用五星、松柏和旗帜组成的浮雕花环。

按照中国的传统，碑祭性建筑的朝向几乎都是坐北朝南，人民英雄纪念碑成为中国唯一的坐南朝北的大型纪念碑。从建成效果看，纪念碑与天安门遥遥相对，留出了宽广的集会场地。从广场北部南望，"前庭"开阔。漫步广场，整个广场的建筑群仿佛一气呵成。人民英雄纪念碑是设置于中轴线上的第一个现代建筑，其位置的确定对后来天安门广场的空间结构的形成具有重要影响。此后，天安门广场经过几次改建，形成了更加开放的空间形态，面积明显扩大。

实际上，新中国成立初期就面临天安门广场如何改造的问题。城市规划者首先面对的是如何对待"T"字形广场，"是拆还是留"？一种意见认为，它是故宫的有机组成，是建筑艺术的无上珍品，不能拆；另一种意见认为，不该受限于封建格局，应符合时代与人民需要，可以进行拆改。而对于中国共产党来说，如何处理代表封建社会的历史遗存，其实质是执政理念与治国理念层面的问题。

经毛泽东、周恩来等党和国家领导人反复讨论后，最终实施的天安门广场改扩建方案从广场定位出发，统筹考虑了庆典要求与现代社会的交通需求，陆续拆除长安街上的长安左门、长安右门、"T"字形广场的围墙等，但传统文化中关于择中而居、左祖右社、传统形式、民族特色的精髓则被精准提炼、总结并完整保存下来，并随着人民英雄纪念碑、毛主席纪念堂及人民大会堂、中国革命博物馆和中国历史博物馆（后两者为中国国家博物馆的前身）的建设对其进行了传承与发展，彰显出稳重、庄严、和谐的风格。可以说，天安门广场的改建达到了保护与改造、继承与创新的统一。

为迎接新中国成立1周年，1950年在长安街东单至府右街之间路段，修建林荫大道，即在南河沿以东的北侧和南河沿以西的南侧，各增辟一条15米宽的道路，有轨电车可在两路之间的绿化带中行驶。拆除长安街南侧的花墙和公安部街北口的"履中"牌坊、司法部街北口的"蹈和"牌坊。

1952年国庆前夕，再次整治天安门广场。当时的最大争论是，要不要拆除广场东西两端的东、西长安门。鉴于长安街沟通后门洞十分阻碍交通，经常成为交通事故的引发点，一遇节日，游行队伍也难以顺畅通过，因而主张拆除。由于专家、学者和公安交通部门争执不下，市政府也难以决断,最后不得不通过市人民代表会议讨论,以表决的形式决定拆除东、西长安门,1952年8月正式付诸实施。①为了慎重起见,当时决定把拆下来的材料暂时保存在劳动人民文化宫,如果实践证明这个做法不正确,还有弥补的余地。另外,这次整治还把天安门观礼台改为永久性建筑。

在新中国成立之前的老地图上,天安门广场外红墙东西两侧是普通的胡同民居和一些单位。在天安门广场西侧,有一条南北向的长胡同叫西皮市胡同(清代称皮市)。胡同北到长安街,南达前门大街。与西皮市胡同隔着广场遥遥相望的是公安街(清代称户部街)。公安街也是一条通达长安街与前门大街的南北向长街。这两条街巷仿佛是天然的屏障,将天安门广场与周围民居隔开。1955年,西皮市与公安街前面的广场红墙被拆除,广场面积向东西扩展了近1公顷;天安门和金水河原有的榆槐树,换植了冬夏常青的油松;广场上还铺砌了混凝土方砖。天安门广场以新的姿态展现在世人面前。

1956年,长安街西单至复兴门路段打通,建成35米宽的车行道,改变了西单至复兴门要绕行旧刑部街、报子街等胡同的历史。

---

① 董光器编著:《古都北京五十年演变录》,东南大学出版社,2006年,第138页。

1957年，北京市规划委员会制定出北京市城市总体规划初步方案，提到天安门广场规划主要考虑以下几点：（1）天安门广场是首都中心广场，应具有庄严、朴素的风格；（2）必须开阔，能容纳盛大游行和广大群众活动；（3）广场周围建筑可作博物馆和一些国家机关办公楼；（4）广场周围建筑不要压倒天安门和人民英雄纪念碑；（5）广场本身和附近交通必须既方便又安全；（6）做好广场分期建设规划。

1958年8月，中共中央在北戴河召开政治局扩大会议，提出为迎接即将到来的新中国成立10周年，改建和扩建天安门广场，同时新建人民大会堂、历史博物馆和革命博物馆等一批大型公共建筑作为国庆献礼，以展示人民共和国所取得的成就。毛泽东指示：改建天安门广场，气魄要大，要使天安门广场成为庄严宏伟，能容纳100万人集会的世界上最大的广场。之后，相关工作迅速展开。时任北京市市长的彭真在北京全市动员大会上表示，虽然新中国成立以来北京建立了许多工厂，但它们都是生产物质的，同样也需要建设几个生产精神的工厂，用它们来统一全国人民的意志，显示社会主义的优越性和全国广大人民群众的革命干劲，鼓舞和动员人民多快好省地建设社会主义，其重大意义不亚于建设生产物质的工厂。

同时，中央的这项决定也与当时的政治气候密切相关，曾参与人民大会堂设计的著名设计师张镈先生后来回忆道："此时'大跃进'之风已经鼓动起来，而中苏关系却趋于恶化，赫鲁晓夫在自夸其'土豆烧牛肉'式的共产主义同时，大肆攻击中国的'大跃进'搞糟了，'穷得没有裤子穿'。"从这个意义上说，国庆献礼工程的启动也是新生的人民政权证明自身实力的举措。

1958年9月5日，时任北京市副市长的万里召集千余名建筑工作者开会，传达了中央关于筹备庆祝新中国成立10周年的通知，要求在新中国成立10周年到来之前，改造好天安门广场，建好人民大会堂、革命博物馆、历史博物馆、国家大剧院、军事博物馆、科技馆、艺术展览馆（中国美术馆）、民族文化宫、农业展览馆，加上原有的苏联展览馆（北京展览馆），这就是最初确定的"十大建筑"。"十大建筑"是新中国成立以来首都北京第一批大规模的建筑项目，作为高度政治性和纪念性的公共建筑，其丰富内涵早已超越了单纯建筑物本身所承载的功能。

天安门广场改建工程是与广场两侧的建筑工程联系在一起的。毛泽东在听取周恩来汇报后，提出指导性原则：天安门广场整体要形成雄伟壮观格局，要方便中央工作；建筑要对称，广场四周建筑物对广场中央应该有一个向心状态。按照这个指导思想，专家们进一步拿出了一个广场四大建筑两两相对的初步方案，即广场两侧的建筑，东边为历史博物馆、革命博物馆，西边为万人大礼堂、国家大剧院，两两相对分立，朝向广场正中的人民英雄纪念碑。四座建筑各自独立，占地面积均为150米×220米，外形都是东西长、南北短。后来在设计过程中，方案又有所调整。为突出天安门广场的政治意义，国家大剧院迁出广场，移到大会堂西面，何时建，另外考虑。东边原本要修建的两个博物馆合为只建一个博物馆——革命历史博物馆，西边只建万人大礼堂。这一思路也符合中国传统的"左祖右社"建筑格局。

1958年12月，人民大会堂、革命历史博物馆相继开工。在本次扩建工程中，中华门及广场上剩余的墙体被拆除，中华门外的棋盘街被纳入广场范围，至此形成了一个南起正阳门、北至天安门，东起公安街、西至西皮市街的大广场。1959年2月，最终确定的"十大建筑"定名为人民大会堂、中国革命博物馆和中国历史博物馆、中国人民革命军事博物馆、全国农业展览馆、民族文化宫、北京工人体育场、北京火车站、民族饭店、华侨大厦、钓鱼台国宾馆。1959年9月，人民大会堂在天安门广场西侧建成，与东侧的中国革命博物馆和中国历史博物馆以中轴线为中心形成对称结构，并与人民英雄纪念碑、天安门城楼、正阳门前后呼应，构成了既具浓郁中国特色又焕发新时代特征的天安门广场建筑群。天安门广场形成彻底开放之势，呈现出开阔、壮丽的崭新面貌。

改建后的天安门广场，保持了中轴明显、整齐对称的传统格局，天安门仍然处于广场最重要的地位。正阳门城楼和箭楼作为广场南端的两幢古建筑巍然屹立，与天安门城楼南北呼应。中国革命博物馆和中国历史博物馆与人民大会堂分列两侧、东西相对，与其北侧太庙、社稷坛左祖右社的布局方式一致，但在建筑设计上却并未追求绝对相同。两座建筑一虚一实，体现出轴线上建筑实体对称、周边建筑意象对称的传统设计手法，秩序之中见变化，构成规模宏大、气势磅礴的天安门广场轮廓。

在国人的心目中，天安门广场从来就不是一个简单的建筑或地理名词，而是与历史、政治、革命等宏大叙事联系在一起的。天安门广场建筑群既有深厚的政治气息，又蕴含着深厚的民族情感，通过这种独特的表现方式塑造了新中国政权的政治合法性。新中国成立初期的这一大手笔具有极强的典范意义。直到今天，会堂和广场依然占据着很多城市的核心区域，成为当地最具政治象征意义的公共场所。

天安门广场由北端的天安门城楼、国旗旗杆、人民英雄纪念碑、正阳门、箭楼，形成一个小的中轴线。这个中轴线和北京城由北城钟楼到南城永定门的中轴线相合。广场两侧的建筑，不仅符合"左祖右社"的规制，而且左右相对，四面向着中心，彰显出稳重、庄严、和谐的风格。作为一组具有政治符号和历史意义的公共建筑群，天安门广场建筑群所依存的丰富内涵，同样也已经远远超出了其所承载的功能。

以人民大会堂为例，当时中央对此寄予了很高的期望，希望它从内部结构功能到外部建筑形象，都要反映社会主义制度的优越性，反映中国人民的英雄气概，反映新中国十年建设成就，以及中国的悠久文化和辉煌建筑艺术。彭真曾说："万人会堂就是一座政治工厂。"他在阐述设计方针时指出，大会堂的设计思想是要继承发展我国建筑的风格和传统，要同天安门、故宫、正阳门（前门）相统一。在封建时代，皇帝搞的建筑，体现他的"唯我独尊"。在资本主义国家，资本家搞的建筑大部分采用拜物教的建筑手法。而社会主义国家首都的大会堂的设计思想要体现"以人民为主""物为人用""为人民服务"的思想，要使工人、农民一进大会堂，不仅感觉到庄严雄伟，同时也感觉到自己就是建筑物的主人，还要同时感到它平易近人，不能使人走进大会堂像是走进故宫那样有压抑之感。周恩来则要求大会堂的寿命起码不能少于350年。

人民大会堂占地15公顷，总建筑面积17.18万平方米，比明清两代经营了数百年的皇宫总建筑面积还大。其工程结构之复杂、建设标准之高、工艺之多、施工速度之快，堪称当时国内之最。人民大会堂总体上采用西洋古典主义风格，立面采用了三段式的立面构图，并以柱廊形式作为立面的核心要素。但与西方古典建筑的等距柱廊不同，人民大会堂吸取了许多中国传统建筑元素，如对柱间距离按照中间大、两边依次递减的方式排列等。正是这种变化体现了中国传统建筑中明间、次间、梢间逐级变窄的规制。外墙选用明朗的淡黄色，屋檐和台基采用简洁明快风格，强调庄重感，衬托整个建筑物的磅礴气势。不仅如此，黄绿相间的琉璃檐口、莲花瓣样式的柱帽、须弥座形式的柱础、传统纹样浮雕等细节处理上，都是体现中西方建筑艺术完美融合的独具匠心之处。

人民大会堂作为我国最高权力机关的所在地，是制定国家大政方针及政策的政治场所，是国家政治生活中不可缺少的重要部分。与此对应，人民大会堂采用大跨度、穹隆顶、无立柱结构，可满足一万人同时开会，并确保每个角度均可看到主席台。每年的全国人大会议和政协会议在这里举行，人民有了自己参政议政的空间。

1959年10月1日，新中国成立10周年庆祝大典在天安门广场隆重举行。党和国家领导人以及应邀前来参加庆祝活动的社会主义国家的领导人、60个兄弟党的代表团团长和各国政府代表等在天安门城楼上检阅陆、海、空三军部队和70万首都群众的游行队伍。一方面，广场上封建帝王唯我独尊的旧格局被改造为劳动人民当家作主的社会主义新格局，体现出中国共产党重构社会秩序，建立工人阶级领导的、以工农联盟为基础的人民民主专政的社会主义国家的决心；另一方面，在极短的时间内高质量完成以人民大会堂为代表的"十大工程"，展现出全国人民高度的社会主义积极性和创造精神。

侯仁之认为，紫禁城是北京城市规划设计发展过程中的第一个里程碑，而天安门广场的扩建则是第二个里程碑。天安门广场的改扩建使北京中轴线的中心部位在不影响整体对称的前提下，发生了适应新时代需求的本质性变化。这个人民广场的开辟，在北京城市规划上代表着新中国的诞生，代表着人民世纪的到来。它赋予具有悠久传统的中轴线以崭新的意义，显示出在北京城市建设上"古为今用、推陈出新"的时代特征，在文化传统上有着承前启后的特殊含义。

新中国成立后，天安门广场和长安街的历次规划和建设活动，除满足集会、游行等活动要求外，也担负着集中展现社会主义制度优越性和中华民族特征的重要使命。其中，1964年的改扩建规划设计规模较1959年更大，包括天安门广场的扩建和长安街沿线详细规划两大部分。为集思广益，北京市在1964年4月邀请全国70多位专家到京参与为期9天的方案审查，即国际饭店座谈会，确定了若干设计原则，并总结了新中国成立以来的规划和建筑设计经验。此次规划召集了全国最强的设计力量，前后共产生9种方案，并就一些更广泛的规划和建筑设计的原则性问题展开充分讨论，但这一规划因其未能实施而隐没不彰。①

---

① 刘亦师：《1964年首都长安街规划史料辑佚与研究》，《北京规划建设》2019年第5期。

20世纪70年代，天安门广场又迎来了一次重要扩建。1976年9月9日毛泽东主席逝世后，中央决定建一座宫殿式纪念堂来保存毛主席的遗体，供人们瞻仰。9月中旬，按照中央指示，来自北京、天津、上海、广东、江苏、陕西、辽宁、黑龙江等八省市的建筑师、美术工作者、工人技师等会聚北京，组成了选址设计工作组，商讨毛主席遗体安置的选址和建筑设计方案。10月8日，中共中央正式作出《关于建立伟大领袖毛泽东主席纪念堂的决定》，宣布"在纪念堂建成以后，即将安放毛泽东主席遗体的水晶棺移入堂内，让广大人民群众瞻仰遗容"。当时也曾提过在香山双清别墅建主席陵，在天安门广场也有恢复中华门，进入地下建设的方案，但在当时的政治形势下是很难被接受的，因此纪念堂只能建在地面以上。

10月10日，党中央通过《人民日报》《红旗》《解放军报》发表社论，提出要"让世世代代人民群众能够亲眼瞻仰毛主席的遗容，缅怀毛主席的丰功伟绩，重温毛主席的教导，激励他们的革命斗志"。至此，纪念堂的设计指导思想就更为明确了，即毛主席纪念堂既要肃穆，又须明朗。经多方选址比较，毛主席纪念堂最终确定置于人民英雄纪念碑的正南方。方案一经审定，立即投入建设，李瑞环任工程总指挥。

1978年，毛主席纪念堂建成开放。毛主席纪念堂是长、宽各105.5米的正方形建筑，布局规整、造型简洁。

在空间布局上，将人民英雄纪念碑、毛主席纪念堂两座纪念性建筑置于中轴线上，且建筑自身以轴线严格对称，是对北京轴线格局的进一步强化。毛主席纪念堂建在人民英雄纪念碑与正阳门的正中，即原中华门位置；正门朝北，与人民英雄纪念碑保持了一样的朝向，同样打破了我国一般建筑物坐北朝南的习惯。

毛主席纪念堂的高度也是汲取了空间造景的传统手法，经过严格的视线分析确定的。规划设计人员首先考虑到，站在天安门下、金水桥畔正视纪念堂时，需避免纪念堂正面上重叠着一个正阳门城楼大屋顶的剪影，这就要求纪念堂的高度恰如其分，既能遮挡住正阳门屋顶，又不能过高，否则会压倒人民英雄纪念碑。为了做到这一点，经过视线分析，毛主席纪念堂的高度最后确定为33.6米。

在毛主席纪念堂建成的同时，天安门广场东西两侧的道路向南直通至前门东西大街，广场区域向南也一直延伸到正阳门城楼下。为此，拆掉了广场左右两侧邻近东、西交民巷的一些建筑，同时移除了正阳门城楼与人民英雄纪念碑之间的松树林。扩建后的广场空间得到进一步完善，整个广场更加开阔庄严、气势恢宏，成为世界上最大的公共广场。作为中轴线上增加的第二座现代建筑，毛主席纪念堂的修建在保留原有中轴线空间特征的基础上，重新塑造了中轴线的中心区域，并使得中轴线的中心作用进一步加强，由此天安门广场的空间格局趋于完整，广场的公共性逐渐加强。

　　毛主席纪念堂是纪念以毛泽东为代表的老一辈无产阶级革命家的重要文化设施，将其放在城市最重要的轴线之上，一方面，可以进一步推动天安门广场成为国家象征；另一方面，则可以让来到天安门广场的群众了解中国人民站起来的艰苦历程，增强爱国主义情怀。

　　经过此次改造，天安门前形成了以人民英雄纪念碑为中心，东西宽约500米、南北长约880米，总面积达44万平方米的广阔空间，是原明清皇家宫廷广场的4倍，其中心干道可同时通过120列游行队伍，整个广场可容纳100万人集会，这也是我们今天看到的天安门广场的轮廓。1999年，北京市政工程设计总院承担了天安门广场改建工程设计工作，工程包括更换广场地面铺装、天安门广场水景（含扩音系统）、广场内照明及周边建筑物构筑物照明三项。广场上举办的国家庆典、阅兵、集会、纪念、表彰等活动越来越多，如中华人民共和国成立35年、50年、60年、70年，以及中国人民抗日战争暨世界反法西斯战争胜利70周年、中国共产党成立100周年等重大纪念活动都在此举行，天安门广场成为彰显国家综合实力和人民精神面貌最重要的窗口。传统中轴线与东、西长安街轴线相交于天安门广场，天安门广场作为北京城市中心的地位得以进一步彰显。

社稷坛

明成祖朱棣在建造北京城宫殿的同时，按照"左祖右社"的《周礼》定制，将社稷坛建在午门前方天安门至阙门右门以西的矩形地面上，与太庙东西相对。它是明清两代帝王祭祀社神（土地神）稷神（五谷神）、祈祷丰年的场所。这里原是辽、金时期的兴国寺，元代又被圈入大都城内，改名为万寿兴国寺，到了明永乐年间，方在此兴建社稷坛。

祀社稷原是古代的一种祭神仪式，其目的是祈祷丰收。后来，封建帝王自称受命于天，把"社稷"看成国家的象征，每年农历二、八月都要在这里隆重举行祭祀仪式。在中国历史上，祭祀社稷一向被视为重要的礼制活动，并有着久远的历史。远古先民对社稷的广泛崇拜，深深内化于中国人生生不息的思想底蕴、文化心理之中。可以说，对土地的理解、态度以及形成的相关学说是中国传统文化的一大根脉，为中华乡土文明积淀了深厚的学养和精神内涵，留下了一份弥足珍贵的遗产，也代表了中国传统文化思想的最高境界。

中国自古是个以农为本的国家，而农业的根基则是土地。对于古老的农业文明而言，除了天时，土地就是它的命脉。最初先民对苍茫大地所呈现出来的种种现象感到困惑不解，认为在土地背后有一神灵，赋予土地以无比的力量，而后或出于畏惧，或出于祈福，对该神灵进行祭祀以获取庇护。因而在漫长的历史发展过程中，土地崇拜现象是中国古代社会的鲜明特征之一。无论是帝王将相还是黎民百姓，都盛行祭祀地神。社稷祭祀在国家祭祀体系中自然占有重要地位，被列为"吉礼"之首。

《孝经纬》记载："社，土地之主也，土地阔不可尽敬，故封土为社以报功也。谷，众不可遍祭，故立稷神以祭之。"在古代的社会观念中，"社"和"稷"是两种不同的神。中国古代先民称土地神为社神。《说文》曰："社，地主也。"《释名·释地》也有言："土，吐也，能吐生万物也。"在传统社会的认知中，种子与谷物汇聚了土地的"意志"与君主仁德的精神力量，象征中国疆域的五色土在方形祭坛中对应五谷。在中国人的观念中，大地孕育万物，不仅为人类提供食物，也为人类提供了安身立命的生活环境。

"社"与"稷"常连在一起。《说文解字》载："稷，齌也。五谷之长。"其意为：稷，即粟米，是五谷之首。因其居长，稷也被当作五谷之神。《左传·昭公二十九年》

中有一种说法："有烈山氏之子曰柱，为稷，自夏以上祀之；周弃亦为稷，自商以来祀之。"意思是说：因为柱、弃两人能种植五谷，夏、商时人们为纪念他们，就将他们神化，"封稷而祭之"。于是，"稷"便成了五谷神。看来稷神产生于三代，稍后于社神。

由于土地、谷物更贴近生活，所以社稷也比天神更实际些，无论官方还是民间都普遍奉祀。祭祀社稷之礼，从天子到诸侯都可以举行。我国古时以农立国，土地最为重要，无土，则帝王不能立朝，诸侯不能立国，大夫、庶民不能立身，所以从帝王、诸侯、大夫到庶民，都要立社，即构筑社坛祭祀社神。在设置社坛祭祀社神的同时，古时的帝王、诸侯和地方百姓，也设置稷坛祭祀稷神，亦有将两坛合为一坛的，称"社稷坛"，简称"社稷"。

从最初发端于土地崇拜到后来形成完整的等级体系，社稷祭祀经历了一个不断发展完善的过程。社稷崇拜原是一种以农耕文化为根基，通过祭祀土谷而祈求食物丰产的原始宗教。与之相关的社稷祭祀经历了自然崇拜、人格崇拜和政治象征的发展过程，逐渐成为土地宗教化、人文化的产物。在中华民族五千年的历史进程中，社稷崇拜与社祭礼仪不断发展，已经形成一种独具民族特色的泛社神崇拜的世俗宗教礼仪系统。

在中国传统语境中，"社稷"总是与"祖宗""宗庙"密切相关，所以社稷逐渐由原初的土地之神、谷物之神演

变为国家政权的象征、国家的代名词。因此,历代帝王十分重视社稷,把它看作国家存亡的标志。《白虎通·社稷》言:

> 王者所以有社稷何?为天下求福报功。人非土不立,非谷不食,土地广博,不可遍敬也,五谷众多,不可一一祭也,故封土立社,示有土也。稷,五谷之长,故立稷而祭之也。

历代帝王、诸侯建立王朝、国家,必设立社稷坛,而摧灭他人之王朝、国家,也必摧毁其社稷。社稷又象征着农业生产,因此它是国家的根本。

社稷坛祭祀同时又是传统社会皇权王土、国家收成的象征——太社神、太稷神,即土神、谷神,以社为主,以稷为副。这是《周礼》传下的一套礼制仪轨。在明清两代的会典中,把祭祀社稷同祭祀天地、太庙一起列为大祀。在封建社会,大祀最为隆重,皇帝要亲自参加祭祀活动,并有专门掌管祭祀的机构。帝王在天坛祭天,祈求风调雨顺、国泰民安;在社稷坛祭地,祈求土地肥沃、五谷丰登。

明清时期,北京城的社稷坛由汉白玉筑成,为三层方台,其中最上面的一层以黄、青、红、黑、白五色土铺筑,正中为黄色。坛面上五色土的方位,正合金、木、水、火、土的"五行"说：东方属木，为青色；西方属金，为白色；南方属火，为赤色；北方属水，为黑色；中央属土，为黄色。汉代班固《白虎通》有言："天子有大社也，东方青色，南方赤色，西方白色，北方黑色，上冒以黄土。"

从现代意义上理解，黑土代表北部，东北平原湿润寒冷，微生物活动较弱，土壤中有机物分解慢，积累较多，所以土色较黑；青土代表东部，在排水不良或长期被淹的情况下，土壤中的氧化铁常被还原成浅蓝色的氧化亚铁，土壤便成了灰蓝色，所以东部沿海多是青土；红土代表南部，由于高温多雨，南方的土壤中矿物质的风化作用强烈，易溶于水的矿物质几乎全部流失，只剩氧化铁、铝等残留土壤上层，形成红土壤；白土代表西部，因含有较高的镁、钠等盐类的盐土和碱土，西部的沙漠和土壤常为白色；黄土代表中部，我国黄土高原的土壤呈黄色，这是由于土壤中有机物含量较少。

五色土也作为象征之物。坛土来自京城周边，且坛中间埋有社主石，象征太社神，这正是"普天之下，莫非王土"之意。社稷坛的四周砌筑有红色围墙，墙上覆盖着四种不同颜色的琉璃瓦，四面各有一门。坛的北面是拜殿和戟门，各为五楹，单檐歇山顶，黄琉璃瓦屋面，其外垣亦为红色，南为三门，东、西、北各为一门。在垣墙内外的庭院中，还筑有神库、神厨、宰牲亭、奉祀署等建筑设施。环坛墙外遍植柏树，显得肃穆庄严。"社必树之以木。"古人认为松柏受命于地，得地之正气，故能独具灵性而为众木之杰。社稷坛的植物区分了坛内空间与坛外空间：古柏围合内坛，极大地增强了皇权的威仪；内坛只种低矮的小草，与高大的古柏形成反差。借由植物，表达人的意识形态，植物构成了社稷坛的场所精神。选择种植柏树也极有意味。南坛门外的7棵古柏，据说是辽代兴国寺的遗物。柏树为常青植物，坛庙种柏寄托着"江山永固，万代千秋"之意。

由于社稷坛是"江山"和"国土"的象征，因此明清两代的皇帝每年都要去社稷坛拜祭。军队取得大捷后，通常要在午门举行献俘仪式。但在献俘仪式的前一天，还要由兵部官员率兵"复献俘于社稷坛"，以示对社稷的敬重，显示国家政权的稳固和疆土的完整。

清代社稷坛的位置，仍沿袭明代遗制。《大清会典》记载："凡祭祀之礼，岁春祈秋报，皆以仲月上戊日祭太社、太稷之神。"在祭祀时，社稷坛上"太社位右（东边），太稷位左（西边），均北向"。祭祀时，皇帝身穿祭服，日出前四刻乘礼舆出宫，由内大臣和侍卫前引至太和门阶下降舆，再乘金辇去社稷坛。皇帝出午门时要鸣钟，并设法驾、卤簿为前导。

社稷坛是在农耕文明基础上形成的敬天敬土思想的外在物化形式，也是宗法制、儒家文化以及土地崇拜的具体体现。社稷坛作为与天坛、太庙同级的重要国家祭祀场所，其精神实质是对农业的重视、对土地对自然的敬畏，以及对国家兴亡的关注。但是随着"三千年未有之大变局"的冲击，帝制时代的社稷观和宗法祭祀礼仪逐渐没落，社稷坛也因地处皇家禁地而逐渐失去了一些最初的光彩，同时又激起社会上一些新议题的讨论。

元代以来，由于北京长期作为大一统王朝的政治中心，皇家园林与坛庙一直占据着北京园林体系的绝对主流，政治属性非常突出。发展至清代，紫禁城内有御花园，皇城内有西苑"三海"（北海、中海和南海）。不仅如此，清廷还在北京城西北开辟了三山五园。这些区域，空间完全封闭，是皇室专属的活动场所。此外，北京城还有社稷坛、太庙、先农坛、天坛、地坛等专门举行祭祀与庆典活动的场地。这些地方几乎与普通平民的日常生活绝缘。什刹海位于"三海"北侧，是内城为数不多的开放性空间之一，但面积狭小，并非纯粹意义上的传统园林。

相对而言，城郊可供平民游览的场所更多，如城南永定门附近的陶然亭、城西的西山等。陶然亭地势高、视野开阔，周围芦苇青葱，一望无际。不过，陶然亭位置较偏，交通不便，并不适宜多数普通平民。西山地区虽然景色秀丽，但也因同样原因，无法吸引更多的民众前往。

清末新政时期，北京的现代市政建设初步启动，建设一座新式公园被提上议事日程。一些留学生和有海外经验的人对西方公园的介绍也提供了舆论支持。光绪三十一年（1905），天津《大公报》刊发《中国京城宜创造公园说》。清政府官方也开始出现了倡导的声音。光绪三十二年（1906），出洋考察归来的戴鸿慈、端方等人奏请朝廷，建议创办图书馆、博物馆、公园等公共文化设施。不过，北京第一座现代公园的出现已经是民国之后的事情了。

政治制度的变革为北京传统园林的对外开放与功能转化提供了前提。辛亥革命后，南北议和，新政权建立。1913年隆裕太后去世后，北洋政府因其有"让国之德"，在紫禁城太和殿设立治丧所，供民众瞻仰。时任交通部长朱启钤因负责指挥事宜，有机会深入社稷坛内部巡查，呈现在他面前的景象是："古柏参天，废置既逾期年，遍地榛莽，间种苜蓿，以饲羊豕。其西南部分则为坛户饲养牛羊及他种畜类，渤溲凌杂，尤为荒秽不堪。"①朱氏对此深感可惜，开始考虑如何治理。第二年，北洋政府获得紫禁城南部的所有权，社稷坛也包含在内。此时朱启钤已经担任内务总长，于是与几位友人筹划后决定在社稷坛基址上改建公园。

1914年京都市政公所成立，朱启钤兼任公所督办，创办公园成为市政公所城市建设的重要内容，社稷坛"辟坛为公园之议"遂得到落实。社稷坛之所以成为首选之地，

---

① 《中央公园廿五周年纪念刊》，1939年，第1页。

主要原因在于其"地址恢阔，殿宇崔嵬，且接近国门，后临御河，处内外城之中央，交通便利"①。

社稷坛分内坛、外坛两重，在其被辟为公园的过程中主要对外坛进行了改造。当时，朱启钤正以京都市政公所督办的身份主持正阳门改造工程。他指示利用天安门前两侧拆下的千步廊废木料修建公园长廊，并对社稷坛、祭殿、庖厨等原有建筑加以保护修缮，然后作为景观单元加入到新的公园之中。他还强调对内坛格局及古建筑应尽量保存，对明初筑坛时栽植的多棵古柏，特别是坛南部辽金古刹所遗留的古柏，要一一记录树围尺寸，并妥善保护。朱启钤还着手改善公园周边交通环境。由于当时天安门内禁止通行，1914年下半年在坛南垣天安门西侧开通园门（今中山公园南门），并修筑了一条石渣路到南坛门门口，方便游人出入。

社稷坛改建工程规模浩大，北洋政府无法提供足够的财政经费，于是朱启钤采取了募捐的方式。第一次列名参与募捐者多为政界要人、社会名流，包括段祺瑞、汤化龙、梁敦彦、王士珍等60余人，半年时间共筹集4万余元，其中个人捐款以徐世昌、张勋、黎元洪、朱启钤最多，每人捐款在1000～1500元。1914年10月10日，经过

---

① 王炜、阎虹编著：《老北京公园开放记》，学苑出版社，2008年，第52页。

初步改造的社稷坛向民众正式开放，这是北京历史上出现的第一座现代公园。当日正值民国国庆，社会各界热情高涨，"男女游园者数以万计，蹴瓦砾，披荆榛，妇子嘻嘻，笑言哑哑，往来蹀躞柏林丛莽中。与今日之道路修整，亭榭间出，茶寮酒肆分列路旁，俾游人憩息，得以自由，朴野纷华，景象各别。然彼时游人初睹宫阙之胜、祀事之隆，吊古感时，自另具一种肃穆心理"①。《市政通告》发表《社稷坛公园预备之过去与未来》，声明开放公园之目的在于使"市民的精神，日见活泼，市民的身体，日见健康"②。

作为曾经的宫苑禁地，平民百姓亦得观览，这是一个历史性的转变，是近代北京城市发展进程中的标志性事件。不过，直到开放后的第二年，"因地当九衢之中"，改建后的社稷坛才正式命名为中央公园。作为北京历史上的第一座现代公园，它的出现与国家政治体制变革息息相关，是城市发展与市政建设的重要成果，是政府新型治理理念在城市空间中的物质表现，折射出近代北京社会变迁的丰富内容。

对于社稷坛改建为中央公园的过程，朱启钤曾经写有《中央公园建置记》：

---

① 《中央公园廿五周年纪念刊》，1939年。
② 《社稷坛公园预备之过去与未来》，《市政通告》第2期，1914年11月。

民国肇兴，与天下更始，中央政府既于西苑辟新华门为敷政布令之地，两阙三殿观光阗溢，而皇城宅中，宫墙障塞，乃开通南北长街、南北池子为两长衢。禁御既除，熙攘弥便，遂不得不亟营公园，为都人士女游息之所。社稷坛位于端门右侧，地望清华，景物巨丽，乃于民国三年十月十日开放为公园，以经营之事委诸董事会。园规取则于清严偕乐，不谬于风雅。因地当九衢之中，名曰中央公园。设园门于天安门之右，绮交脉注，绾毂四达。架长桥于西北隅，俯瞰太液，直趋西华门，俾游三殿及古物陈列所者跬步可达。西拓缭垣，收织女桥御河于园内，南流东注，迤逦以出皇城。撤西南复垣，引渠为池，累土为山，花坞水榭，映带左右，有水木明瑟之胜。更划端门外西庑朝房八楹，略事修葺，增建厅事，榜曰公园董事会，为董事治事之所。设行健会于外坛东门内驰道之南，为公共讲习体育之地。移建礼部习礼亭与内坛南门相值。其东建来今雨轩及投壶亭。西建绘影楼、春明馆、上林春一带廊舍。复建东西长廊，以蔽暑雨。迁圆明园所遗兰亭刻石及青云片、青莲朵、塞芝、绘月诸湖石，分置于林间水次，以供玩赏。其比岁，市民所增筑如公理战胜坊、药言亭、喷水池之属，更不遑枚举矣。……启钤于民国三四年间长内务部，从政余暇，与僚友经始斯园。园中庶事决于董事会公议，凡百兴作及经常财用，由董事醵集，不足则取给于游资及租息，官署所补助者盖鲜。岁月骎骎，已逾十稔，董事会诸君砻石以待，谨述缘起，及斯坛故实，以谂将来，后之览者，庶有所考镜也。①

中央公园创立初期，采取了当时非常先进的管理模式。1915年组建董事会，主要由旅京士绅、商人组成，专门负责经营园内诸项事务，日常经费则依靠各董事的会费、捐款、政府拨款以及门票收入维持。同时，中央公园制定开放章程十二条，确立宗旨为共谋公众卫生、提倡高尚娱乐、维持善良风俗。朱启钤被推为董事长，后连续担任这一职务达35年之久。建园25周年时，朱氏就曾表明心迹："一息之存，斯志不怠。"他在园内的办公场所就自题为"一息斋"。

中央公园开放之初，设施比较简陋，此后逐渐完善，改建或增建了很多新景点，如唐花坞、春明楼、格言亭、木桥、来今雨轩等。同时，种植花木，以牡丹、芍药、丁香、海棠最多，因此经常可以在时人的日记中看到赴中央

---

① 陈宗蕃：《燕都丛考》，北京古籍出版社，1991年，第141—144页。

公园赏花的记录。小说家曾朴曾在1918年旅京期间对其描述："古柏参天跸路长，名园高占地中央。笙歌院落人声沸，灯火楼台夜色凉。树影深藏清社屋，月明近照汉宫墙。谁知紫禁森严处，辟作民间游戏场。"女作家石评梅在当时的《妇女周刊》中这样描述其好友庐隐登上社稷坛的情形"提着裙子昂然踏上那白玉台阶时，脸上轻浮着女王似的骄傲尊贵"，并有意识地将目光投向"一角静悄悄重锁的宫殿"，即一墙之隔的故宫。1936年出版的《北平一顾》，则称其"灵雅素淡"，游客"络绎不绝"，处处"表现着太平天下的升平快乐气象"。

中央公园自建成后，由于各种因素的累积，曾长期是北京城中最具代表性、人气最高的公园。"嗣后先农坛公园、北海公园等继之，而终不如中央公园之地位适中，故游人亦甲于他处。春夏之交，百花怒发，牡丹芍药，锦绣成堆。每当夕阳初下，微风扇凉，品茗赌棋，四座俱满。而钗光鬓影，逐队成群，尤使游人意消。"1935年出版的《旧都文物略》如此描述："兹述园囿，首中山公园，次中南海，次北海，次景山，次颐和园。"①

中央公园不仅是北京市民游览的休闲场所，也是一处政治意味浓厚的公共空间，政府、各种社会组织以及政治

---

① 汤用彬等编著：《旧都文物略》，书目文献出版社，1986年，第55—56页。

团体在此开展多项政治活动。从这个意义上说，中央公园已经超越了单纯意义上的公园范畴，具有更加强大的社会辐射力。

1915年5月，日本提出严重侵犯中国主权的"二十一条"。北京商会等民众团体在中央公园发起集会，抗议日本扩大侵华权益。1918年11月第一次世界大战刚刚结束，北洋政府在紫禁城太和殿以及中央公园等地召开大会，北京大学等也以"欧战总结"为主题，在此举办多场庆祝大会。李大钊著名的讲演《庶民之胜利》亦是在此地发表。1919年，北京政府将原来德国人建在东单的克林德碑转移到中央公园，并改为"公理战胜坊"，象征洗刷国耻，时任国务总理段祺瑞亲自主持奠基典礼。

1925年3月12日，孙中山在北京逝世。19日，灵柩由协和医院移至中央公园，安置在拜殿之中，供全体市民公祭，后转至西山碧云寺暂厝。1928年7月，南京国民政府在北京的统治确立之后，将中央公园改称中山公园，并在此连续多日举办各种活动，庆祝国民革命军北伐胜利。1929年，国民政府把停放在西山碧云寺的孙中山灵柩移往南京中山陵，北平市政府命名拜殿为中山堂，作为永久性纪念之所。此外，由北平妇女协会等民间团体发起，经北平市政府批准，在公园内建成孙中山奉安纪念碑。1937年北平沦陷后，中山公园复改为中央公园，中山堂一度更名为"新民堂"，成为"新民会"的活动场所。1945年抗战胜利后,中央公园再次改称中山公园,并沿用至今。

中央公园的不断更名,反映的是不同阶段的时代特征。执政者通过对公园名称的更改,赋予其特定的政治含义,体现出鲜明的政治意志。而对于许多前清遗老而言,他们一般仍称中央公园为"稷园",因其原为社稷坛,亦是一种政治态度的表达。

现代公园作为西方都市文明的象征被引入中国,成为新思潮的载体,不仅可以改善环境,供人休闲娱乐,还成为政府进行启蒙教化的重要场所。许多公园都建有图书馆、民众教育馆、体育场、音乐堂、阅报亭、卫生展览所、博物馆、陈列所、纪念碑、格言亭等。这些新设施的增添,使公园被赋予了增长国民见识、提升国民素质的附加功能。

中央公园开放后不久,就由北洋政府教育部捐资,将社稷坛的大殿改造为中央图书阅览所,这是中国最早的公立图书馆之一。1915年,北洋政府为了向民众宣传卫生常识,在社稷坛西侧配房设立了北京卫生陈列所,主要展示各种卫生图画、肌肉骨骼模型、标本及有关卫生的书报,普及防疫知识,改变不良卫生习惯,增进卫生观念。

中央公园特别受到社会中上层,尤其是知识精英的青睐。相对而言,知识群体更注重公园的社会交往功能,优美的景色也更符合他们的审美趣味。购票规则对进入公园的人群也进行了一种"过滤",一定程度上保证了公园内部的氛围。中央公园内部设有警察与派出所，负责维持园内秩序。在公园内游览有各种规定事项，一些在园外非常普遍的行为在园内被明确禁止。新青年杂志社、文学研究会、国语研究会、新潮社、语丝社等团体都在中央公园留下了痕迹。蔡元培、胡适、鲁迅、章士钊、吴宓、戴季陶、于右任、朱自清、沈从文、萧乾、徐志摩、林徽因等文化界名人也经常光顾这里。张恨水就是在中央公园里勾画出了小说《啼笑因缘》的故事结构，同时也把园内的景色写入了《春明外史》《斯人记》等小说之中。

茶馆是北京民众日常聚会的重要空间。北京的茶馆不仅数量多，而且种类丰富，有清茶馆、书茶馆、棋茶馆、野茶馆等。在许多人的回忆中，中央公园的茶座有五六处之多，而最热闹、最为人注意的则是春明馆、长美轩、柏斯馨等。不同的茶座有不同的特点，大致对应不同的顾客群体。春明馆比较旧式，被称为"老人堂"，茶客中不少都是老人，经常在此下围棋、鉴赏古董。这里的点心也带着浓厚的旧时代色彩，保持着古色古香的面目。柏斯馨则纯粹是"摩登化"的，主要售卖西式茶点和咖啡，传统的茶点几乎不会出现，通常是"洋派人物"喜欢光顾。长美轩的风格则介于二者之间，可以称"中和派"，主要顾客是中年人或知识阶级。谢兴尧在《中山公园的茶座》一文中将三个茶馆对应三个不同的时代，即上古（春明馆）—中古（长美轩）—现代（柏斯馨）。据他观察，凡是去喝茶的,一般都会先打量自己是哪一个时代的人物,然后再去寻找自己的归宿地。对北京旧事非常熟悉的邓云乡也得出结论,老先生是不到柏斯馨的,正像青年们不到春明馆去一样。

来今雨轩是中山公园内最著名的餐馆,据说取自唐代著名诗人杜甫《秋述》小序:"秋,杜子卧病长安旅次,多雨生鱼,青苔及榻。常时车马之客,旧雨来,今雨不来"。后人解读"旧雨"指旧友,"新雨"指新友,是感怀旧友、盼念新友之意。"来今雨轩"则是表示新、老朋友欢聚一堂。中央公园建立之初,来今雨轩就已经出现了,其牌匾为后来担任大总统的徐世昌所题。客人主要来自社会上层,是社会名流经常聚会之所,带有浓厚的文化气息。邓云乡在《燕京乡土记》中写道:

> 在二三十年代,来今雨轩的茶客可以说是北京当年最阔气的茶客。外国人有各使馆的公使、参赞、洋行经理、博士、教授,中国人有各部总长、次长、银行行长、大学教授……大概当年北京的一等名流,很少有哪一位没在来今雨轩坐过茶座吧。来今雨轩茶资最贵,其实茶资贵还在其次,主要是他家的文化层次高,气氛浓,因而一般茶客是很少插足的了。

中山公园是近代北京一道特殊的人文景观。它不仅是市民放松身心的休闲场所，更是集政治、教育、商业、文化于一体的多功能公共空间。它为多个社会阶层提供了活动舞台，很大程度上改变了北京市民的生活方式与交往方式，在北京的城市转型中扮演了重要角色。政府选择在这里开展政治活动，塑造主流意识形态；社会团体也选择在此发动群众集会，宣传他们的主张。各种社会力量在此聚集、争夺与妥协。如果把中山公园作为一个横截面，我们借此可以窥见近现代北京社会演进的方方面面。

太　庙

太庙位于天安门东侧，是明清两代皇帝专用于祭祀祖先的礼制建筑群，与社稷坛遥相呼应。《周礼·考工记》所谓"左祖右社"，"祖"（太庙）与"社"（社稷坛）都是国家政权的象征。社稷坛祭祀的是土地神和五谷神，太庙则用于"敬天法祖"，皇帝在那里举行祭祖典礼。每逢大祭，如登极、亲政、大婚、册立、奉安梓宫及传统祭祀节日等，皇帝都会在这里举行隆重、肃穆的敬天法祖仪式。太庙也是北京城"中轴突出，两翼对称"规划特色中不可或缺的建筑群。

"太，大也。"《左传·庄公二十八年》记载："有宗庙曰国，无庙曰邑。"历代历朝帝王都把宗庙、社稷与国家视为一体。所以，太庙又是帝王法统的象征。在国家的祭祀设施中，"庙"是最高等级的建筑，而功臣名将配享太庙，亦被视为传统社会人臣的最高荣誉。今日所见的太庙，始建于明永乐十八年（1420），最初为皇帝合祀祖先的场所，嘉靖十四年（1535）改合祀为分祀，设九座庙分别供奉历代祖先,后遭雷火焚毁。嘉靖二十年(1541),九庙中的八庙被雷火焚毁。嘉靖帝和大臣们认为这是祖宗不愿分祀,而以雷火示警,故重建太庙,于嘉靖二十四年(1545)告成,恢复合祀,此后便一直延续。因而,明代太庙可以视为中国数千年太庙祭祖传统在建筑、礼制等方面的总结性成果,也是一种成熟的典范。

太庙建筑格局为矩形,共设三重城垣,由前、中、后三大殿构成三层封闭式庭院。太庙根据中国古代"敬天法祖"传统礼制建造而成,是皇城内仅次于紫禁城外朝三大殿的建筑群。整个建筑的中心,是三座雄伟的大殿,其中以前殿最大,共十一楹,重檐垂脊,中殿、后殿各为九楹,殿的两旁都有庑殿,其中前殿两庑各为十五楹,中殿与后殿两庑各为五楹。前殿三层石基前是宽阔的庭院,往南出戟门又是一个大院落,院里有石梁桥,桥下是金水河(又称玉带河),桥北有两座井亭,桥南东为神库,西为神厨。前殿的红色围墙四周,有茂密的柏树林环绕,围墙上辟有庙门,其西南与东南方还有奉祀署、宰牲亭、治牲房等建筑。太庙街门南临长安街,西与端门东庑相连,西北门与阙左门相对。

自明代以来,这座建筑广阔、殿宇高大的庙里,只有在即位、大婚等庆典时,才有封建帝王来此祭祀祖先,平时冷冷清清,只有少数守护庙宇的官员差役等在这里驻守。

清军入关后，仿照前朝"敬天法祖"的礼仪制度，对天地、日月、社稷、先蚕、先农以及太庙、历代帝王、先师等坛庙的祭祀照常进行，皇城中太庙、社稷坛等作为国家大祀之地的功能延续下来。出禁城午门，沿中轴线前行，左有皇帝祭祀祖先的太庙，右有皇帝祭祀土地神和五谷神的社稷坛，皇城的东、西、南、北分布着天坛、地坛、月坛、日坛、先农坛等祭拜日月天地及农神之地。每逢重大节日，皇帝都要前往祭祀，以求风调雨顺，社稷平安。顺治元年（1644）九月，清军入关。十月初一，顺治帝告祭天地、宗庙、社稷，颁诏天下，定鼎北京，"立太庙于端门左，南向"。所谓立太庙，其实就是承继明代的太庙。太庙作为最重要的皇家宗庙，举行四孟时享礼、岁暮祫祭礼以及重要的告庙礼。顺治五年（1648）六月，重修的太庙落成，奉太祖努尔哈赤和太宗皇太极的神牌于太庙中殿，奉努尔哈赤以上四祖神位于后殿，形成了今之太庙的基本格局。

自顺治帝以下，清代诸帝都会对太庙进行维修。其中，以乾隆元年至四年（1736—1740）、二十五年（1760）、五十三年（1788）的几次修建改动较大。例如，将前殿单檐庑殿顶改为重檐庑殿顶；前殿原面宽九间，将左右各加一间，改为十一间；太庙戟门前，有七座单孔汉白玉石桥，桥下原为干沟，至乾隆二十五年（1760）才引金水河流经桥下；其中两桥原无桥栏，亦为当时添建。另外，又将后殿五间扩建为九间，与中殿相同，并在中、后殿间添建红墙、琉璃门等辅助建筑。乾隆以后各朝，虽有多次维修，但在整体布局上并无大的改动。

太庙主要建筑有前殿、中殿、后殿、牺牲所等。前殿又称享殿，是皇帝举行重大祭祀先祖仪式（如"时享"和"祫祭"）的场所，其仪式重要程度仅次于祭天，所以在规划时就将太庙设计为规模巨大的殿堂。享殿外观是重檐庑殿顶覆黄琉璃筒瓦，采用七踩斗拱，面宽十一间，进深四间，檐下悬巨匾一块，额书"太庙"。殿内四柱贴赤金花未施彩绘，地面铺设金砖。高大的前殿坐落在三层汉白玉石台上，各层都围有石栏望柱。望柱头浮雕龙凤纹饰，各望柱之下是排水的石龙头。每当大祭之时，神主的牌位便会移至前殿。殿前两边各有配殿十五间，东配殿供奉有功的皇族神位，西配殿供奉功臣神位。殿前、东南角、西南角各有燎炉一个，供祭祀时焚烧祭品。殿内按东昭西穆制设有帝后金漆宝座，帝座雕饰蟠龙，后座雕饰翔凤。座上置有泥金托座，托座上有孔，为祭祀时安放神牌之用。每代帝后神座前，各设笾豆案一张，案上陈设祭祀物品。

太庙享殿、明长陵棱恩殿和紫禁城太和殿并称为中国古代三大殿，它们的建筑规模、等级相当，但在长度、高度方面，太庙享殿甚至要超过面积最大的太和殿；如果单独计算须弥座以上部分的高度，太庙享殿甚至比太和殿还要高2.12米。三大殿中，明长陵棱恩殿的历史最悠久，太庙享殿次之，而太和殿历史最短。由于种种原因，紫禁城中的明代建筑基本上都被焚毁，现存的主要宫殿建筑大多建于清代。中国现存的明代大型砖木建筑极少，而像太庙享殿、明长陵棱恩殿这样大型、高等级的建筑更是凤毛麟角。

中殿在太庙享殿的后面，与享殿一样，也是庑殿顶黄琉璃瓦，但规模略小，宽仅九间，四周围有一层石栏望柱。殿内陈设原有神座、香案、床榻、枕褥等物，故又称寝殿。中殿前的左右各有配殿五间，是贮存祭品的地方。后殿是在单独的一个院落中，院门为琉璃门三座，左右各有旁门。后殿坐落在高大的二层石台基上，围有汉白玉栏望柱。丹陛石上，上部浮雕朵朵祥云，中间浮雕二龙戏珠，下部是山水浪纹饰。后殿是庑殿顶覆黄琉璃瓦，宽九间，是供奉皇帝、远祖、神主的地方，故又称祧庙。祧庙前左右各有配殿，用以贮存祭品等。① 此外，还有神厨、神库、宰牲亭、治牲房等建筑。赵尔巽等人修纂的《清史稿·礼志》这样记载太庙：

> 世祖定燕京，建太庙端门左，南乡（向）。朱门丹壁，上覆黄琉璃，卫以崇垣，周二百九十一丈。凡殿三，前殿十一楹，阶三成，陛皆五出。

---

① 马玉强：《古都北京》，中国市场出版社，2004年，第66—67页。

一成四级，二成五级，三成中十一，左、右各九。中奉太祖、太后神龛。中殿九楹，同堂异室，奉列圣、列后神龛。后界朱垣，中三门，左、右各一。为后殿，亦九楹，奉祧庙神龛，俱南乡。

前殿两庑各十五楹，东诸王配飨，西功臣配飨。东庑前、西庑南燎炉各一。中后殿两庑庋祭器。东庑南燎炉一。戟门五，中三门内外列戟百二十，左、右门各三。其外石梁五。桥北井亭三，南神库、神厨。西南奉祀署，东南宰牲亭。①

这种肃穆、冷峻、简要的叙事模式，仍然恪守了《周礼》《礼记》等相关古文献的传统。

清代太庙祭祀，是为大祀，每逢重大事件，均需择吉祭告太庙，其主要活动有时享、告祭、祫祭等。时享即"四孟时享"。它源于古人感慨时序的交替，随气温变化而追怀故去亲人，按季节所举行的祭祀，"因时变，致孝思，故备三牲黍稷品物以祭"。清承旧制，于顺治元年（1644）九月规定：每年春、夏、秋、冬四季之孟月（每季第一月），由皇帝亲诣太庙祭祖（如有事可遣官代祭）。

告祭，即凡登基、上尊号、万寿、大婚、册立皇后、

---

① 赵尔巽等：《清史稿》，中华书局，1977年，第2574页。据朱师辙《清史述闻》所忆，《礼志》主要归金兆丰整理，故上引这段文字应当就是出自金兆丰之手。

亲征，以及上尊谥、册立贵妃、灵柩奉安地宫、凯旋等国之大事，皇帝皆亲诣太庙中殿告祭，或遣官于后殿告祭。祫祭，意为合祭，它是清代皇家特有的太庙祭祀活动。每年除夕前一日，皆将太庙后殿供奉的远祖四帝后之神位，与中殿自太祖以下亡故诸帝后之神位一起移到前殿祭祀。

清军入关后，清廷从东北一隅的政权演变为全国性政权，统治者以中华文明的正统继承者自居。在这种背景下，清皇室逐步用明代太庙祭祀礼仪改造入关前崇德朝的太庙祭祀礼仪。尤其是在紫禁城内廷东侧的奉先殿建成后，直接分担了崇德朝太庙的部分祭祀功能，使清代太庙祭祀体系回到了明代太庙祭祀的轨道上。

清代帝王频繁地亲诣太庙祭祀，不仅是仿效汉文化的"敬天法祖"，更是希望借此来加强与汉文化的融合。之所以设立寝殿，就是对待祖先神灵像对待活人一样，正所谓"事死如事生"。皇帝通过太庙祭祀追忆祖先，体现自己的"孝思"，彰显"以孝治天下"的政治理念。

清代宗庙制度虽然主要继承于明代，但到乾隆时期逐渐发展完善，形成了以太庙、奉先殿、寿皇殿、安佑宫等为一体的清代皇家祖庙祭祀完整体系。有清一代，太庙以国之正庙的地位举行国家大祭，举行最隆重的时享、祫祭以及重要的告祭，而其他皇家祭祀仪式则在原庙举行。清代太庙与原庙在祭祀功能上有非常清晰的互补关系。原庙，即指正庙外别立之庙。几座原庙之中，当数内廷之中的奉先殿地位最高。它将皇室的祭祖功能转入内廷,故始终处于统领地位。太庙与奉先殿的互补关系,决定了奉先殿的地位几乎等同于太庙,所以清代太庙制度与奉先殿制度互为借鉴,甚至将奉先殿制度移植到太庙。至于其他几座原庙,位于紫禁城神武门外景山之北的寿皇殿成为连接内城与皇城最重要的宗庙建筑,安佑宫则是离宫别苑中最具代表性的祭祖场所。太庙、奉先殿、寿皇殿、安佑宫四者各有侧重、相互补充,共同构建了清代皇室的祭祀体系。

清太宗皇太极建立太庙祭祀制度后,每当太庙祭祀时,都会亲自参加。清朝入关后的皇帝,也勤于太庙祭祀。顺治帝、康熙帝虽幼年即位,但未亲政前就已参加太庙祭祀。雍正、乾隆、嘉庆、道光、咸丰五帝,继承大统时已经成年,太庙祭祀均敬谨参加,只有特殊情况下才派人摄祭。雍正帝为了参加太庙祭祀,甚至将祭祀时间推迟。雍正八年(1730)正月初五应时享太庙,但雍正帝偶有小疾,于是下令将祭祀延期到初十,到时亲诣行礼。清代诸帝中,乾隆帝年寿最长,他60岁后简省了太庙祫祭仪节。考虑到80岁后体力不支,79岁的乾隆帝于乾隆五十四年(1789),对其80岁后的祭祀进行了安排:中祀、耕耤等,不再亲自出席,由礼部奏请,遣官行礼,而南北郊祭天地、太庙祫祭大祀,仍坚持参加;至于太庙时享、社稷坛祭祀,则临时决定是遣官行礼还是亲自祭祀。

同治帝、光绪帝刚即位时，时享、祫祭遣亲王摄祭，亲政后才参加祭祀。但在祭祀前一天，皇帝仍要去行礼，只是没有繁缛的仪节。这种安排，既避免了幼年皇帝在仪式烦琐、整肃的太庙祭祀典礼上有失仪之处，又突出了皇帝亲祭之义，体现了对祖先的尊崇与敬畏。不过也有特例，即宣统朝的太庙祭祀是由摄政王代表皇帝举行。

整个19世纪下半叶，清王朝都在内忧外患中度过。太庙一隅之地，也未能幸免。同治帝去世后，还曾引起了太庙礼制上的一场升祔风波。所谓升祔，是指将死者的神主安放到太庙之内，附祭于先祖。这场升祔风波的起因是，同治帝去世时，太庙的龛位已满，这与清代的庙数制度相关。从顺治帝开始，清廷太庙前殿、中殿、后殿功能承袭明制，太庙中殿为九楹或九室，亦即可容九庙。道光帝去世前，太庙中殿已满七室。他察觉到了此后的困境，遂以恢复古老的天子七庙制度为由，提议自己驾崩后不祔庙。这种提议显然不合清代的礼制实践，群臣不会执行。但道光帝生前感觉到的那种隐患终究会暴露出来。同治帝应祔庙时，太庙的九室已满，由于清代太庙中殿无迁祧之例，于是便无法升祔。光绪三年（1877），这件事引起了朝臣的激烈争论，礼亲王世铎、醇亲王奕譞、张佩纶、文治、徐树铭、钟佩贤、文硕、宝廷、袁保恒等都参与了进来，并提出了各种方案。从大的方案来看，无非是建立宗庙迁祧之制，亦即"建世室"，以腾出新的龛位，或者仿道光朝奉先殿故事增加龛位，亦即所谓"并龛"。最终，太庙中殿进行了重新分割，由九室增为十七室。

光绪二十六年（1900）八国联军侵占北京后，太庙也未能幸免。罗惇曧在《宾退随笔》中关于这一事件的记载显得很真实。据其所述，八国联军进入北京以后，美国兵负责护守太庙，但英国兵士想劫取太庙玉册，被"美兵举枪向之，乃止"。尽管如此，美兵退归后，这些玉册还是被英兵恣意劫取而去。虽然后续又交还太庙，但经检视发现玉册依然缺失二百余块。[①]所谓玉册，即用玉版制作的册书。帝王用玉册来祭祀告天，亦用玉册册封太子及后妃。此外，皇族族谱用玉片刻镂，也称作玉册。这种劫难，成了名副其实的"庙社之祸"。

1912年溥仪逊位后，祭典始废，但根据《清室善后优待条例》，"宗庙陵寝永远奉祀，民国政府派兵保护"。太庙供奉着逊清皇室的历代祖先，故依然归爱新觉罗氏所有，只是不再关乎国家政权。1924年11月溥仪被驱出宫之后，太庙永远结束了作为皇家祭祀场所的历史。按《清室善后委员会组织条例》的规定，太庙由清室善后委员会接管，变为公产，改为和平公园，向普通市民开放。1925年10月以后，归新成立的故宫博物院管理。张作霖进驻北京

---

① 罗惇曧：《宾退随笔：太庙上册》，《庸言》1913年第1卷第17期，第1页。

后，太庙于1927年8月改由安国军大元帅府内务部坛庙管理处管理。

1928年10月第二次北伐结束，安国军大元帅府倒台，故宫博物院由南京国民政府接管。根据南京国民政府公布的《故宫博物院组织法》的规定，太庙又由故宫博物院收回管理。经过一段时间的准备，1930年太庙作为故宫博物院分院对外开放。同时，故宫博物院图书馆在太庙开辟了阅览室，对外提供院藏图书的阅览。1935年5月，太庙改称故宫博物院太庙事务所，原图书馆的阅览室改称故宫博物院图书馆太庙分馆。其间，为保障对外开放，故宫博物院还进行了太庙庭院环境的整理，如房屋、殿宇、井亭、河墙等建筑的维修，增建图书分馆办公用房，堆垫土山、修筑道路等项工程。此后，太庙一直由故宫博物院管理。

回溯北京公园的规划与发展史，太庙似乎从来不在计划内。1914年，时任京都市政公所督办的朱启钤在《请开京畿名胜》的呈文中并没有提到太庙，因为按照契约，这算作逊清皇室的私产。社稷坛于1914年被辟为中央公园，先农坛于1915年被辟为城南公园，厂甸于1918年被辟为海王村公园，北海于1925年被辟为北海公园，这些公园都是由京都市政公所主管。1918年，天坛被辟为天坛公园，则是由民国政府内务部下设的天坛办事处主管的。只有太庙被辟为和平公园，并由清室善后委员会主管，而清室善后委员会的成立，则源于溥仪被逐出宫。

太庙正式重新开放的日子是1932年10月8日。当时，东三省沦陷，许多关外难民逃到北平、天津一带，于是太庙就充当了临时的公共避难所。可能也正是在这一混乱的情形下，太庙逐渐变成了百货市场。据曾任故宫博物院专门委员的张伯驹回忆，日军侵占东北后，"风鹤频警，（北京）竟成边地"。稊园诗社同人以"故都竹枝词"命题，写了好多首诗，其中一首就是咏太庙情状的，诗云："登场百货各争标，太庙翻成市井嚣。野鹤不知人世改，将雏相避远离巢。"张伯驹解释道："时于太庙陈列百货，竞相买卖，庙东侧古柏上向有鹤巢，因畏嘈杂避去。"① 此时，原本避居天津的溥仪则悄然来到了东北那个"龙兴之地"，做起了伪满洲国傀儡皇帝。路过旧京太庙的游客触景生情，不会忘记也不会宽恕溥仪的这一叛国行为。1936年，罗君惕在《故都过逊清太庙》一诗中这样写道："故宫废庙尽荒凉，郁郁长松出短墙。十二先灵应抱恨，遗孤从贼走辽阳。"②

1945年抗战胜利后，故宫博物院太庙分馆依然开放，但阅览人员稀少，其间一度成为中共地下组织定期开展读书活动、讨论开会的地方。1948年底北平和平解放前夕，

---

① 张伯驹：《素月楼联语》，《张伯驹集》下册，上海古籍出版社，2014年，第537—538页。
② 罗君惕：《故都过逊清太庙》，《学术世界》1936年第1卷12期，第110页。

太庙曾被国民党军队占用。1949年北平和平解放后，太庙重新由故宫博物院收回，并于当年3月恢复开放。太庙自被故宫博物院接收管理并辟为公园对外开放供观众游览以来，其名称一直未变，殿宇中的供桌、祭器等设施也多未变动。

1950年1月，政务院总理周恩来提议将太庙改建为劳动人民文化宫，作为以工人为主要对象的群众文化活动场所。随即，北京市总工会调派相关负责人进驻太庙开始筹备工作。春节期间，周恩来等人还专程到太庙了解筹备进展情况。时任全国总工会主席李立三曾这样解释："这说明我们工人阶级真正翻身了。劳动人民所创造起来的文化，却被反动统治阶级剥夺了，专为他们所享受、所霸占。正如太庙，原是为劳动人民修建起来的，一修好后，劳动人民根本就不能进来了。今天革命胜利了，现在我们又能把原来专为剥削阶级服务的文化变为劳动人民自己享受的文化，而且还要把劳动人民的文化，发展起来。"[①]4月中旬，李立三受北京市总工会之托，到中南海请毛泽东主席题字。毛泽东亲笔题写了"北京市劳动人民文化宫"匾额。

4月底，为庆贺文化宫开幕，党和国家领导人朱德、

---

① 《文化宫昨举行开幕式　李立三的讲话》，《北京新民报》1950年5月1日第4版。

董必武、聂荣臻与知名人士黄炎培、郭沫若、茅盾等数十人题词祝贺。董必武题："人类文化生活也是劳动创造的成果。过去的文化主要的是供统治阶级享受，劳动者创造文化出力最多，享受最少，一般差不多是站在旧文化的圈外。在新民主主义政权下，劳动者有可能开始享受自己创造的一切文化成果，更有可能开始有意识地有计划地提高自己的文化"。邓拓题："文化从哪来？就从劳动来。谁要霸占它，实在太不该！如今劳动者，领导新国家。努力学文化，个个有天才"。赵树理题："古来数谁大，皇帝老祖宗。如今数谁大，劳动众弟兄。世道一变化，根本不相同。还是这所庙，换了主人翁"。这些题词，无一例外地表达出新中国劳动人民当家作主的欣喜。此后，太庙中的文物被运回故宫博物院保存，故宫图书馆太庙分馆关闭。

1950年4月30日，北京市劳动人民文化宫举行了隆重的揭幕仪式，并首次举办"北京市工人游园联欢大会"，上万名职工及家属参加了各项文化娱乐活动。从此，文化宫被誉为"工人的学校和乐园"。在这一沧桑变迁的历程里，太庙由皇家祖庙一变而为和平公园，再变而为劳动人民文化宫。鉴于太庙历史上庄严肃穆的性质，1950年10月27日，中共中央在太庙即劳动人民文化宫为任弼时举行追悼会。以后，中国共产党和国家领导人逝世，也曾于太庙前殿停灵及举行公祭。

文化宫的功能决定了其活动内容，而活动内容又决定了宫内场所的设置。由于文化宫在向工人进行宣传教育的同时，还具有提供娱乐的功能，因此文化宫拆改了部分古建筑物，并将主要殿阁的功能进行重新规划，三大殿的彩画也被油饰一新。这些改动使劳动人民文化宫真正成为政府开展政治宣传和教育的重要阵地。新中国成立初期，面对尚未完全解放的领土、严峻的国内经济形势以及稍后突然爆发的朝鲜战争，中央政府需要做大量的动员工作来振奋士气和聚拢人心。面对复杂的市民阶层、百废待兴的工业，中央政府同样需要通过教育来整合市民的思想、提高工人的生产技术。与此同时，各阶层市民也需要一个空间来了解政权话语并改造自己。因此，文化宫成为政府与民众沟通互动的平台可以说是水到渠成。

1957年10月，太庙被评为北京市第一批古建文物保护单位，当时公布名称为"劳动人民文化宫（旧太庙）"。1988年1月，太庙正式被提升为第三批全国重点文物保护单位。随着北京奥运会的申办成功，国家开始对太庙进行全面的勘察，制定修缮方案，并于2006年正式启动修缮。依照修旧如旧的原则，相关修复人员对太庙内部屋面、彩画等进行保养，并重新更换青砖地面。这些修缮和恢复措施，既排除了数百年古建筑的隐患，又保留了太庙的历史沧桑感，同时还改善了基础设施与园林环境。这一阶段的修缮，是新中国成立后对太庙最重要的一次修缮。此后，太庙重新在北京中轴线建筑群中焕发光彩。

正阳门

正阳门是明清两代北京内城的正南门,取"圣主当阳,日至中天,万国瞻仰"之意,因位于紫禁城正前方,故又称前门,为"京师九门"之冠。其北面正对着大清门、天安门,直通皇城大内;东、西两面分别为崇文门和宣武门;南面有正阳大街,已属外城。

正阳门的历史向前追溯,其前身在元代称丽正门。元大都城有十一门,正南门号为"丽正",始建于至元四年(1267),位置在今长安街稍南。"丽正"二字来源于《易经》六十四卦中第三十卦离卦(离为火)的"日月丽乎天,百谷草木丽乎土,重明以丽乎正,乃化成天下"。如其名称一般,丽正门的景观想必是气势雄伟、风景宜人。元代诗人宋褧在《七月八日晓晴暂出丽正门外》中有"团团碧树压宫城,白凤门楣澹日明"的描写。另一位元代文人欧阳原功则写道:"丽正门当千步街,九重深处五云开。"丽正门作为进入大都城的正门,是百官上朝集中之地,故黄文仲《大都赋》称此门为"衣冠之海"。元世祖每年出城到郊坛举行典礼，其仪仗也必经丽正门。

明朝永乐初年营建都城，有城门九座。据清人考证，其南城基址已与元时旧基"不甚相合"，可能有所扩建，但正南门则仍名"丽正"。永乐十七年（1419）明成祖朱棣营建北京城，将大都城南城垣向南拓展，丽正门迁到了今天正阳门的位置，起初只建了城楼，故仍沿称旧名。从正统元年（1436）开始，即位不到一年的明英宗朱祁镇，开始利用前朝父、祖历代所积资材，大规模修建北京城垣及京师九门城楼，并增修瓮城、箭楼、东西闸楼等军事防御设施，历时四年方才竣工。这次修建不仅完善了各门的"楼铺之别"，而且"更名丽正为正阳，文明为崇文，顺承为宣武，齐化为朝阳，平则为阜成，余四门仍旧"[1]。自此，北京内城的南城门正式改称正阳门。[2]

明英宗大规模增修后的城门，以正阳门形制最为隆崇。具体来说，正阳门城楼面阔七间，进深三间，内城其余各门楼则面阔五间，进深三间；正阳门不仅箭楼之下开有券门，而且瓮城东、西两垣各开券门一座，上面加盖闸楼，而其他城门瓮城只开一座券门；正阳门桥并列三座，其余各门外则均为一座石桥。此外，正阳门原建筑群包括了城门、箭楼，以及连接两者的瓮城。瓮城两侧有闸楼及券门，

---

[1] 刘振：《工部志》。
[2] 卢迎红主编：《北京正阳门》，北京燕山出版社，2009年，第16页。

城门前还有护城河桥。旧日在京城享有盛名的"大前门"牌卷烟,上面赫然印着的就是正阳门箭楼。雄阔的箭楼和坚固的瓮城,是防卫内城的要冲之地。不仅如此,正阳门瓮城作为内城最外面的"庭院",通过城垣、城门与内城相连。瓮城内还建有两座小庙,一为关帝庙,另一为观音庙。

正阳门的主体建筑格局,在明英宗以后的400多年间,基本没有改变。明代后期的京师内、外城十六门中,仍以正阳门最为宏壮,而且在形制设置上也始终与其余各门保持差异。清军入关后,城门也有过多次改建和修缮,但基本上沿袭了明代旧制,在规模建制与礼制功能方面没有大的改变。

正阳门自明初修建后,箭楼曾于明万历三十八年(1610),清乾隆四十五年(1780)、道光二十九年(1849)三次失火并重修,但整个正阳门始终保持着固有的面貌,护卫着帝都的尊严。同时,正阳门也是明清两代皇帝车驾前往天坛祭天或到先农坛侍弄那"一亩三分地"的必经之路,是关乎国体和国威的礼仪之门。

正因正阳门有如此诸多特异之处,故素有"国门"之称。明清两朝,除天子出祭巡狩外,正门终年不启,车马行人只能走瓮城两侧的门洞。只有皇帝去天坛祭天或去先农坛耤耕时,正阳门才会开启正门。清吴长元《宸垣识略》载:"正阳外门设而不开,惟大驾由之。月墙东西设二洞子门,为官民出入。"作为御路的正阳门大街,同样备受重视。每逢冬至天坛大祀,从大清门到正阳门再至天坛的所有御路，皇室总会派八旗满蒙汉各官厅分段修理，一律填平其有凹凸者，亦须用三合土修筑。正阳门自建成后，经过移位、更名与多次重修，形制逐渐完备，规模愈加恢宏。

正阳门外为石道，即正阳门大街，街道两旁搭盖棚房，亦为重要的商贸之所。明永乐十七年（1419），元大都的南城墙由今东西长安街一线向南扩展到今崇文门、正阳门、宣武门一线，该处遂成为城墙南侧的居民区。其西面为卢沟桥陆路，东面为通惠河码头，无论是陆路商货还是运河北上物品，均在此汇聚。因此，这里逐渐发展为各地物资流通、信息人员交流的中转站。这种冲要地段的地理优势，加上正阳门乃出入内外城的要道，占尽地利，行人聚集，自然引来巨大商机。正阳门一带也一跃成为京师最为繁华热闹的中心地带。由此形成的街巷，也多以"廊房"为名，如廊房头、二、三、四条等。

明嘉靖三十二年（1553）建立外城，正阳门外由此被列入"京师五城"之内，店铺林立，商旅众多。随着大运河的终点码头在明代移至东便门外的大通桥下，正阳门外又修建了很多介绍买卖的"牙店""客店"和存放商货的货栈"榻坊"。《皇都积胜图》描绘了嘉靖末年至万历初年正阳门外的商业情景：从五牌楼经正阳门到大明门前，布棚高张，从珠宝古董、绸缎皮货、字画笔砚，到衣裳布匹、刀剪陶瓷、纸花玩物，应有尽有。

清朝定都北京后，皇帝进驻紫禁城，内城成为皇室贵族、官员以及满、蒙、汉三军八旗的专属居留地,原有的居民被强迫迁往外城或其他地方,以层层城墙为界,实行"旗民分治",界限分明。正阳门内东西两侧,便分别为正蓝、镶蓝两旗所占。同时,为了让旗人永葆斗志,内城取缔商业街区,禁开娱乐场所。通过这种方式,北京内城逐渐形成以紫禁城为中心,以中央衙署为前导,八旗劲旅环卫皇城的封闭的政治、军事结合体,无异于一座戒备森严的"军事大本营"。内城禁令众多,政府对生活在其中的旗人有诸多规定,如不得私自离开本旗范围内居住,不许离城四十里,不许去外城听戏,等等。内城除政治、军事外,其他功能属性十分弱化,形成了僵硬、固化的内部格局。

作为内城的正门,正阳门是内城与外城的重要连接点,沟通内、外城居民往来。正阳门地理位置适中,周边地区聚集着大量工匠作坊、茶楼和戏园,形成了专门街市,商贸十分繁盛。"凡天下各国,中华各省,金银珠宝、古玩玉器、绸缎估衣、钟表玩物、饭庄饭馆、烟馆戏园,无不毕集其中。京师之精华,尽在于此,热闹繁华,亦莫过于此。"[①]正阳门内至大清门之间,是著名的棋盘街,在乾隆朝时也逐渐发展成为"周绕以石阑,四围列肆长廊,百货云集"的商业汇聚之所。

---

① 中国科学院历史研究所第三所编辑:《庚子记事》,科学出版社,1959年,第14页。

陈宗蕃《燕都丛考》称："正阳门旧制，城外有月墙，环月墙东西为荷包巷，其始东曰帽巷，西曰荷包巷，后统名曰荷包巷。本系临时市集，商民于此支棚架屋，日久遂成为商场。"王伯恭《蜷庐随笔》亦载："其依附两掖之隙地，贾人设小市肆，在东曰东荷包巷，西曰西荷包巷，屋如小舟，栉比鳞次，百货所集，金碧辉煌。其货物以刺绣多，故名荷包巷。喧闹萃处，犹有辽金之风。"《都门杂咏》中也有描写荷包巷的繁华："五色迷离眼欲盲，万方货物列纵横。举头天不分晴晦，路窄人皆接踵行。"

清初诗人王士禛曾有一首诗记载与友人在正阳门大街西河沿酒楼畅饮之事，诗云："下直经旬发不梳，河楼高会剪春蔬。已喜绿蒲藏睡鸭，更烧红烛射游鱼。玉河杨柳见飞花，露叶烟条拂狭斜。十五年前曾寄马，数株初种不胜鸦。"正阳门外珠市，"前后左右计二三里，皆殷商巨贾，列肆开廛。凡金绮珠玉以及食货，如山积。酒榭歌楼，欢呼酬饮，恒日暮不休，京师之最繁华处也"。清乾隆年间吴长元的《宸垣识略》也有记载，正阳门外大街以东，"皆商贾匠作货栈之地"；以西，"皆市廛旅店、商贩、优伶丛集之所，较东城则繁华矣"[①]。清代学者俞蛟在《春明丛谈》描述乾隆年间正阳门大街的繁华时称："凡金

[①] 吴长元：《宸垣识略》卷十"外城二"，北京古籍出版社，1983年，第182页。

绮珠玉以及食货如山积，酒榭歌楼，欢呼酣饮，恒日暮不休，京师之最繁华处也。"

为加强城市治安，清代在京城街巷出口处尤其是外城设置了防卫性质的栅栏，由五城御史负责管理。乾隆朝以后仍延续着这项制度。出于安全考虑，廊房四条实力雄厚的各大店铺，筹资在胡同口修建的栅栏想必是坚固高大、与众不同的。这样，尽管栅栏顶端的木板上写着街巷胡同的名称，但体现胡同突出特征的称谓"大栅栏"或"大栅阑"，在民间约定俗成的使用过程中逐渐取代了原有名称。《乾隆京城全图》已采用了"大栅栏"一名。

大栅栏向北是内城，向南过天桥可出永定门，向东是崇文门，向西过虎坊桥、菜市口可出广安门，地理位置之优越，在北京城内无出其右者。民间有这样的顺口溜："大栅栏里买卖全，绸缎烟铺和戏院，药铺针线鞋帽店，车马行人如水淹。"清人杨静亭在《都门纪略》描述：

> 京师最尚繁华，市廛铺户，妆饰富甲天下，如大栅栏、珠宝市、西河沿、琉璃厂之银楼、缎号，以及茶叶铺、靴铺，皆雕梁画栋，金碧辉煌，令人目迷五色。至肉市、酒楼、饭馆，张灯列烛，猜拳行令，夜夜元宵，非他处所可及也。[①]

---

① 杨静亭编，张琴增补：《都门纪略·风俗》。

大栅栏也是近代北京金融业的发源地。清代北京的金融业主要为银钱业和典当业。银钱业包括银号、票号、炉房、钱店四种，银号、钱店有银票、钱票流行于市面，票号办理各省汇兑，炉房专化生银，并代国库铭铸元宝。大栅栏钱市胡同的银钱市主导着全城的银钱兑换价格，官炉房则主要集中在珠宝市内。钱市的形成与炉房有关——炉房是中国旧时铸造宝银的机构。炉房原本是为解决交易中付银的麻烦，加工熔炼碎银而设立的。清朝中叶，大栅栏珠宝市街便已经出现炉房，并发展成为炉房最集中的地段。后来，炉房根据商家的需求又增添了存贷银两、划拨转账的业务，具有了现代银行的某些职能。当年设在珠宝市的炉房就有26家之多。民国以后，炉行萧条，钱市无市，改建为银号铺房，形成一条窄胡同。这条小巷是中国最早也是最完整的金融交易所。

　　光绪二十六年（1900），义和团焚烧"老德记"西药房等洋货铺，因火势凶猛，正阳门城楼和箭楼皆毁于大火，只剩下城楼底座及门洞，由此而酿出了一场有清"二百年来未有之奇变"。正阳门外的大栅栏一带亦被大火焚烧。李希圣在《庚子国变记》中说，这次大火"焚正阳门外四千余家，京师富商所集也，数百年精华尽矣。延及城阙，火光烛天，三日不灭"。竹枝词对此亦有反映："大栅栏前热闹场，无端一炬烬咸阳……百万商民齐束手，市廛景象太萧条。"明代以来，此地即为贸易之所，累积数百年的热闹繁华，一日之间，化为灰烬。

光绪二十七年底（1902年初），因《辛丑条约》签订，逃往陕西的慈禧、光绪一行"回銮"。他们要从永定门进入北京，必须要走中轴线，也势必要经过正阳门，但劫后的正阳门还未曾修复。当时陈夔龙、张百熙等奉命承修跸路工程，然而因时间所限，来不及照原样修筑城楼。负责迎驾的官员不得不采取应急措施，在残存的正阳门箭楼城台上，用杉篙、苇席、彩绸临时搭建了彩牌楼，以迎圣驾。对此，陈夔龙在《梦蕉亭杂记》记述：

> 庚子京师拳匪之乱，正阳门城楼化为灰烬。辛丑，两宫回銮有期，余奉命承修跸路工程，此规制崇闳，须向外洋采办木料，一时不能兴工。不得已，令厂商先搭席棚，缭以五色绸绫，一切如门楼之式，以备驾到时藉壮观瞻。

光绪二十九年（1903），正阳门楼修复工程祭土开工，三年后完工。在时人眼中，新门楼"犹颇壮丽"。大门附近的荷包巷"商业街"，宣统元年（1909）由商人集资，奉准内务部修复，次年夏竣工，"各行旧商，仍复迁回原住房舍营业"。大栅栏也次第修复，更增添了新的建筑，如大观楼、第一楼等。

其实，早在八国联军侵华后，正阳门作为分隔内、外城门禁的威严早已荡然无存。八国联军在京期间，曾擅自在正阳门东水关辟一新门，以便往来。昔日只向皇室开放的内城正门，先是在庚子年中被联军强行打开，继而在外人的要求之下合法弛禁，这一变化之间所流失的，正是清廷作为至高统治者的无上尊严和神秘感。

光绪二十一年（1895），京汉铁路分别从北京卢沟桥、汉口大智门同时修建。京津铁路的修建则采纳了李鸿章的建议，从天津修到卢沟桥，避开京津运河，并且和京汉铁路形成有效连接。由于得到了英国人的技术和资金支持，京津铁路于光绪二十二年（1896）就全线贯通，次年又延伸至丰台，以永定门外马家堡为终点。当时，清政府已经认识到铁路的重要性，但北京是当时的政治中心，一则保守派认为城墙高大便于防御，修建铁路要在城墙开口，会破坏王气，影响清政府对北京城的有效控制；二则顾及铁路的建造和运营离不开洋人，洋人的势力必会直接深入北京城内部。基于以上原因，即使有朝廷大员不断推动，北京铁路也一直和北京城保持着距离。所以北京最早出现的火车站——马家堡站和北京城偏西的卢沟桥站，在当时而言都距离京城比较远。

八国联军侵占北京后，英军强行将京奉铁路由马家堡车站东延，在永定门城楼向西穿过城墙接修进城，在天坛圜丘坛门外设天坛外站，自该站接一条岔线向北延伸至祈谷坛门内设天坛内站，内站运兵，外站运军火粮草。在修建天坛铁路的同时，还由马家堡路西向东偏北延伸展修铁路，跨永定门外大街在左安门向西穿过城墙，绕天坛东经龙潭湖西至东便门内转向西，沿内城墙外侧向西穿过崇文门瓮城，直抵正阳门东月墙，于1901年11月铺轨通车。

整个火车站修进北京城，对北京城墙的影响巨大。首先，英国人施工新建铁路时，须在天坛东侧的外城城墙新开豁口，并在外城空旷地带铺设铁轨。当时工程进展非常顺利，但很快面临一个巨大的难题——崇文门瓮城改造。崇文门瓮城是第一个被强行改造的内城瓮城。崇文门命运多舛。1900年八国联军攻城时，崇文门箭楼就被炮火破坏，箭楼顶部梁架被烧毁，只留下砖砌结构。崇文门原本只有一个西闸楼供来往行人出入，但铺设铁道后，瓮城东侧城墙开洞，西侧闸楼拆毁，闸楼下的门洞变为铁轨券洞。这样一来，崇文门瓮城就没有了行人车辆的出口，只能在瓮城南侧破损的箭楼正中开一个南向的门洞作为出口，城台上的残破箭楼被拆毁，门洞顶部修成平台。该出口模仿正阳门箭楼券洞而建，打破了北京内城城门瓮城只有正阳门有南出口的规制。英军还在崇文门设立铁道道口栏杆，设专人管理，避免行人干扰火车运行。

从此，北京内城城墙的防御体系被彻底打破，几百年来作为皇权象征的北京内城城墙从此不再完整。对于改动已被破坏的崇文门瓮城，当时的清政府早已没能力干涉。英国人这样设计既避免了原有天坛铁轨向北延伸，穿过南城正阳门外闹市而涉及的拆迁问题，又避免了因在北京中轴线上直通铁路而破坏当地风水的困境。紧邻城墙铺轨，让铁轨呈直线，火车的行驶速度和铺轨施工都有保障。

《辛丑条约》签订之后，京奉、京汉两条线路各自由永定门、西便门附近通轨入城，俱达于正阳门，铁轨直贯紫禁城。正阳门车站，又名前门东站、前门站。京津一段铁路，更约定由外国军队负责保护。1901年，京汉铁路延伸至正阳门西侧，并于次年建成正阳门西车站。1902年，京奉铁路修至正阳门东面的使馆区。这两处车站是多条铁路交会之处，从此出发可直达东北、华南、华东、江南，形成了四通八达的货物中转站与集散枢纽，并由此带来了大量流动人口。以往南方人员入京，或由良乡入京，或沿京杭大运河经通州入朝阳门，入京铁路修通之后，正阳门火车站成了入京的主要关口。加之清末民初，西风东渐，前门大街各行齐聚，"举凡鞋帽业、医药业、钟表烟酒杂货业、珠宝玉器业、戏剧演出、电影放映、戏装生产、餐饮小吃、旅馆客栈、洗浴照相、银行证券、典当镖行业"，应有尽有。

1906年，正阳门东车站大楼建成。大楼由英国人设计，建筑为欧式风格，平面呈矩形，地下两层，地上三层。整栋建筑面积约3500平方米，由中央候车大厅、辅助用房、钟楼等组成。车站有三座站台，其中两座带有风雨棚。车站设一、二等候车室和普通候车室，还设有客票房、行李房、旅客公用电话和无线电报、公用厕所等当时颇为现代的设施。车站建在正阳门瓮城的正东侧，坐东朝西，拆除了正阳门瓮城东侧的全部建筑，以及原来比较杂乱的车站建筑，在站前形成了比较宽阔的站前广场。车站墙体采用青砖和白色石材交替的西式砌法，正面看为三层楼，东南侧是一个高耸的钟楼。车站门窗都是拱门拱窗，三层候车室大厅顶部呈一大跨度拱形，正立面装有玻璃，圆拱的最上方有"北京铁路正阳门车站"字样。圆拱的最外两侧还特意装饰了中国特色的云龙浮雕。车站挺拔的钟楼是前门一带商业街区的制高点，但其高度远低于邻近的正阳门城楼和箭楼，这使得车站与周围的建筑相对和谐。正阳门东站建成后，该地区一度成为北京最繁华的地带，而正阳门东站则成为真正意义上的交通枢纽，进一步促进了前门地区的繁华。它伴随着古老的正阳门见证了中国近代诸多历史事件的发生，成为北京的又一重要地标。[①]

此后，正阳门城门虽然已不像外城城门那样在夜间关闭，但是日渐增长的客流还是给交通带来了巨大的压力。而且，原来瓮城内的东西两侧有观音殿、关帝庙各一座，城门脚下又有许多商贩支棚摆摊，而内、外城之间仅有一个门洞可供通行，街道狭窄，交通拥堵时常发生。

进入民国后，北洋政府内务部开始着手解决这些问题。

---

① 韩立恒：《中轴线上的火车站》，《紫禁城》2015年第4期。

1913年，内务部为了疏散前门一带的人口压力，将前门外的正阳商场迁到天桥西边，但未从根本上解决交通拥挤问题。后来交通部筹划修筑京师环城铁路，其中就有修改瓮城的想法，但由于工程太过浩大，未能实施。1914年京都市政公所成立后，正阳门改造工程正式提上日程。交通总长兼市政公所督办朱启钤向大总统袁世凯提出了《修改京师前三门城垣工程呈》，详细说明了改造工程的设计方案：

> 正阳门瓮城东西月墙分别拆改，于原交点处东西各开二门，即以月墙地址改筑马路，以便出入。另于西城根化石桥附近添辟城洞一处，加造桥梁以缩短城内外之交通。又瓮城正面箭楼，工筑崇巍，拟仍存留，惟于旧时建筑不合程序者，酌加改良。并另添修马路，安设石级，护以石栏，栏外种植树木，以供众览。又箭楼以内正阳门以外原有空地，拟将关于交通路线酌量划出外，所余之地一律铺种草皮，杂植花木，环竖石栏，贯以铁链，与箭楼点缀联络一致，并留为将来建造纪念物之地……其瓮城内旧有古庙二座，拟仍保存，加以修饰，俾留古迹。[①]

---

① 朱启钤：《修改京师前三门城垣工程呈》（1914年6月23日），贵州省文史研究馆编：《民国贵州文献大系》第3辑·上，贵州人民出版社，2015年，第67页。

1915年6月16日，正阳门改造工程正式动工，德国人罗斯凯格尔（Rothkegel）任总建筑师。按照罗氏的改造计划，原来连接城楼与箭楼的瓮城被全部拆除，城墙上还新开了四个门洞。事实上，拆除瓮城、开辟城墙门洞对北京城墙的完整性是颠覆性的变革。此外，新修正阳门暗沟800米，以及中华门通往护城河的大暗沟两条。为增加安全，从新开城门至正阳桥安装水泥栏杆，棋盘街两侧安放水泥方墩，贯以铁链。同时，为了使新修的城门更加壮观，特运购大石狮子三对，分别置于正阳门前和箭楼东西石梯入口处，又将观音庙、关帝庙油饰彩画。除了保存这些传统内容外，在箭楼上增添了钢筋水泥的挑台、护栏和窗檐，还在表面刷了一层白漆，使整个建筑从外观上增加了一些西洋的风格。对于此次改建，喜仁龙提出了严厉批评：

> 今天，这个中央大门给人的印象，无论从哪方面看都是令人失望的。诚然，门楼仍旧保留原样，但城门马道新开了两道拱门（这拱门似有损结构之坚固性），前面广场也显得过于西洋化，与城楼的建筑风格不大协调。当然，如果从南面（包括昔日属于瓮城空地的颇大的一片荒凉地段）观望，其景象则更令人扫兴。箭楼的情形也如此，不仅如此，它还用一种与原来风格风马牛不相及

的方式重新加以装饰。箭楼孑然而立，两侧瓮城残垣所余无几。两条直达城台顶部的马道皆呈之字形，台阶中间隔有数层平台，平台上修有汉白玉栏杆和凸出的眺台。不但如此，箭窗上侧还饰有弧形华盖，弄巧成拙地仿照着宫殿窗牖式样。在前门整个改造过程中，箭楼的改建确实是最令人痛心的，而且这种改建简直没有什么实际价值和理由。①

虽然受到多方质疑，但正阳门改造工程仍是北京城市建设中的一件大事。正阳门周边的交通状况得到明显改善，旧时仅供帝王通行的门洞经过改造后成为北京普通百姓日常生活的必经之地。当时报纸上有"新北京竹枝词"，其中一首便描述了这一现象："都城一洗帝王尊，出入居然任脚跟。为问大家前二载，几人走过正阳门。"虽然正阳门建筑群不再完整，其政治意义也逐步消失，但地位没有改变。那些初次来京的外乡人，出了火车站，即是前门，其中的建筑依然在第一时间给予他们帝都的气息与味道。孙福熙初到北京时，出东车站门，仰见正阳门楼昂立在灯火万盏的广场中，不禁感叹："深蓝而满缀星光的天，

---

① ［瑞典］奥斯伍尔德·喜仁龙著，许永全译：《北京的城墙和城门》，北京燕山出版社，1985年，第149页。

高远的衬托在他的后面,惯住小城的我对之怎能不深深的感动呢!"而对于那些南来的游人,看到"在烈日高涨的前门道上,人力车夫和行人车马的混乱,那立在灰沙中几乎被隐住了的巡士,和四面似乎都蒙上了一层灰雾的高低的建筑,甚至道旁那几株油绿的街树",都会让他感到"啊啊,这不是委婉多情的南方了"①。

正阳门的改造,使近代北京城市空间迈出了由封闭走向开放的关键性一步,同时也开创了主动改造北京城墙的先例,为后来北京城墙的拆改埋下了伏笔。稍后修建的京师环城铁路正是因为有了正阳门瓮城的改造示范,才能顺利拆改铁路沿线的城门瓮城。同时,在城墙上开辟门洞有效缓解了内外城的阻隔问题,加速了内外城之间的人员流动。城墙门洞的开辟,也为日后电车的通行创造了条件。此外,正阳门的改造也促进了天安门区域向现代城市广场的转变。

对于北京风土极为熟悉的瞿宣颖则从另外一个角度记述了正阳门周边在近代北京的独特经历:

> 庚子以后,京奉路穿东便门以入城,火车直达正阳门下,使馆界为谋出入便利,又于崇文、正阳二门之间辟一便门,署曰水关,以其正当御

---

① 叶灵凤:《北游漫笔》。

河出城处也。未几，京汉路成，亦穿西便门以入，说者谓都城之防已失，而尤以水关之辟为有妨都城风水。民国以后，交通繁冗，议者多欲于正阳、宣武二门之间增辟一门，以杀拥塞之势。故老辄言此门果开，则王气必尽。当局怵于其言，莫敢经行。直至民国十二年，冯派主持京师警察厅事，始毅然为之，号曰和平门。及张作霖称大元帅，改其名曰兴中。张既败亡，门额复故。于是论者为之语曰：水关开而崇文之运尽，是以科举废；和平门开而宣武之运亦尽，是以北洋军阀败。两运皆尽而北京亡矣。语虽无稽，固巧不可阶也。①

不仅如此，正阳门一带在晚清民国时期还曾为现代社会发展所用，一度成为举办国货展览的场所。光绪三十一年（1905），农工商部奏请并设立京师劝工陈列所。次年，劝工陈列所在前门外廊房头条会元堂旧址建筑新屋后宣告成立。陈列的商品都放置于大玻璃盒里，有"绣品、银品、磁品、竹品、药品、铜品、锡品、衣品、藤品、化学品、书翰纸品、小说品、景泰蓝品"。光绪三十三年（1907）十月初十，为庆祝慈禧太后大寿以及劝工陈列所成

---

① 瞿宣颖：《前三门风水之说》，瞿宣颖编、侯磊整理：《北京味儿》，北京出版社，2022年，第92-93页。

立一周年，特于初九、初十两天举办庆祝纪念会，陈列所停止售票，初九邀请政学农工各界男宾参观，初十邀请女宾参观。光绪三十四年（1908），因邻火殃及成灾，物品被毁过半，农工商部令劝工陈列所移至彰仪门内工艺局西面（今广安门内）新辟所址。次年重阳节，北京正阳门外廊房头条里又开设了京师第一劝业场，这是中国早期陈列、推销各种商品的处所。建筑为西式三层大楼房，分前后两院，共计200多间房屋。劝业场内又分为庶务、文牍、试验、调查、会计、杂役等六课，附设工业试验所。

1912年，劝工陈列所改名为农商部京师商品陈列所。该所负责搜集和陈列全国重要商品以及外国参考品，调查国内外商品状况、商品改良等。1922年，全国商会联合会为唤醒国人的国货意识并促进工商实业的发展，计划于次年在北平举办国货展览会，并于闭幕后利用展览会新征集的各地展品改进京师商品陈列所或创设京师国货陈列所。

1928年，国民政府工商部部长孔祥熙为唤起国人使用国货的意识，将商品陈列所加以整理扩充，改组为北平国货陈列馆，并将馆址迁至正阳门箭楼，展出国货商品出售。1928年11月，陈列馆正式对外开放。北平国货陈列馆陈列品共有八大类，分别为化工、染织、食品、医药、工业原料、手工业、艺术品、矿产品。

1930年6月，工商部准许北平国货陈列馆和鼓楼通俗教育图书馆放映国产电影并免纳税捐。电影场开设后，因价格低廉，吸引了许多游客。1931年，有市民致函市政府，主张取缔国货陈列馆电影场，认为国货陈列馆在正阳门箭楼招商开演电影会吸引大量游客，难免有损历史古迹。为保存前门楼古迹，北平市政府禁止北平国货陈列馆放映电影，陈列馆电影院于5月底关闭。1936年2月，北平国货陈列馆由北平市政府接管。此后，陈列馆重新积极筹设电影院，恢复电影放映业务。电影放映时可以插播国货广告，广告商都免纳税捐。

北平沦陷后，正阳门成了侵略者炫耀的场所，北平市国货陈列馆被日伪控制，与其成立时提倡国货、挽救民族危亡的宗旨大相径庭，丧失了存在的意义。1941年，北平国货陈列馆迁到北海先蚕坛后移交社会局，正阳门箭楼也被警察分局接收，陈列馆名存实亡，沦为供日本人参观游览的工艺品陈列商店。1947年4月，北平国货陈列馆停办。1948年6月14日，北平国货陈列馆归国民政府教育局接管。

1949年1月，解放军兵临北平城下。经多方努力，困守北平的国民党军傅作义部接受和平改编。1月21日，傅作义在《关于北平和平解决问题的协议书》上签字。次日，国民党25万守军按协议开始陆续撤出北平市区，接受解放军改编。

1月31日，东北野战军第四纵队入城接管防务，中共北平市委各部委进入市内办公，北平宣告和平解放。后

来,时任华北野战军司令员聂荣臻曾经这样回忆:

> 二月一日,刚过完旧历年,我和罗荣桓同志以及林彪乘车进入北平,先到了北平饭店。我国的文化古都北平宣告解放了。选择这个时间进城,也是有所考虑的。我们几个领导同志商量过,本来傅作义部队一出城改编,我军就可以进入北平,但考虑到年关将近,为了让老百姓过好年,我们宁肯推迟进城时间,作为执行好城市政策的良好开端。

2月3日(农历正月初六)上午10时,四颗照明弹升上天空,中国人民解放军北平入城式开始。平津前线司令部决定入城式部队以东北野战军四十一军为主,加上华北军区的部队和特种兵部队。他们通过查阅地图和实地勘察,确定入城式行军路线是:正阳门大街、东交民巷、崇文门大街、东四牌楼、鼓楼、地安门大街、西四牌楼、西长安大街、和平门、骡马市大街,最后由广安门出城。入城式以三辆装甲车和挂有毛泽东主席、朱德总司令肖像的彩车及军乐队为先导,机械化部队、炮兵车队、坦克部队、摩托化部队、骑兵方队和步兵方队组成雄壮的人民军队行列,从永定门入城,沿北平南中轴向北进发。队伍行进到正阳门大街时,学生们爬上军车贴标语。

检阅台设置在正阳门箭楼，平津前线司令员林彪、政治委员罗荣桓，平津卫戍区司令员聂荣臻，中共北平市委书记彭真、北平市军管会主任兼市长叶剑英，以及北平联合办事处的全体代表等选择在这里检阅中国人民解放军入城式。叶剑英和北平警备司令程子华派人对箭楼进行了清理打扫。国立北平艺术专科学校的师生还对箭楼进行了装点，并特别悬挂了"欢迎人民解放军"的大字标语。

当部队经过东交民巷使馆区时，官兵们个个昂首挺胸，威武雄壮。这是平津前线司令部根据毛泽东的指示特别安排的。中国的军队和人民第一次大踏步开进自《辛丑条约》签订以来便为帝国主义所盘踞的使馆区，中国人民任人宰割欺凌的时代一去不复返了。当时，北平《世界日报》还刊载了刘白羽的通讯《沸腾了的北平城——记人民解放军的北平入城式》："这时，欢迎的人们已经站立了整整一天，忘记了寒冷，忘记了饥饿，依恋地舍不得这些英雄，他们与行进的队伍汇合起来，高唱'我永远跟着你前进'，昂首通过一向为帝国主义禁地的东交民巷。"① 部队经崇文门内大街、东单、东四、北新桥、太平仓，与另一路从西直门入城的部队会合，再折向南行进，经西四、西单、西长安街、和平门、骡马市大街由广安门出城。

---

① 刘白羽：《沸腾了的北平城——记人民解放军的北平入城式》，《世界日报》1949年2月16日。

新中国成立后，面对正阳门箭楼破败不堪，随时有倒塌风险的整体情况，国家不断对正阳门城楼及箭楼进行了景观修整，1950年对其进行了初步加固，1956年首次对北京中轴线建筑群进行大规模的整体修缮，其中正阳门箭楼也得到了一定的修缮。但这次修缮并不彻底，只是对正阳门箭楼的外观及建筑四周的墙体破损处进行了修补，而对楼顶的灰筒瓦绿琉璃剪边、重檐歇山式琉璃瓦房顶和琉璃兽的破损均没有进行修复。1976年唐山大地震对北京的古建筑群造成了一定影响，其中正阳门箭楼也遭到了一定程度的损坏，城楼还受到了下沉影响。随后，北京市对正阳门箭楼进行了大规模整修，使正阳门箭楼得到了一定的修复。

1988年10月28日，文化部文物事业管理局批准对正阳门城楼、箭楼进行全面修缮。1989年12月，正阳门箭楼修缮工程竣工。1990年1月21日，箭楼正式对公众开放。2020年，按照北京市正阳门管理处保护规划和整个中轴线建筑群的管理规划，为打造北京市中轴线建筑群旅游景观线，申报世界文化遗产，北京市文物局对正阳门箭楼进行大规模修缮。这次对正阳门城楼、城墙座基等都进行了修复，对砖墙式结构重新进行了填补和更换，对楼顶的灰筒绿琉璃剪边、重檐歇山式琉璃瓦进行了更换。城门内部的拱门等木质结构建筑用料也重新替换修葺。经过此次整修之后，正阳门箭楼重新焕发出了活力。

除正阳门箭楼外，正阳桥南侧原有五间跨街牌楼，也是正阳门一景。这五间牌楼始建于明正统四年（1439），绿琉璃瓦庑殿顶，六柱冲天，面阔35.1米，高11.5米，其体量之大为北京跨街牌楼之冠，俗称五牌楼。楼体正中嵌有一块用满、汉两种文字书写的"正阳桥"匾额。19世纪末，混凝土技术从西方传入中国，带来了新的建材文化理念。这种被民间称作"洋灰"的建筑材料具有结构坚固、强度高的特性，尤其适用于大跨度的公共建筑。1935年，五牌楼被改造为钢筋混凝土结构，1955年因交通原因被拆除。2008年，前门大街被改造为步行街，并在原址复建正阳桥牌楼，依然是五间、五楼，只是原六柱为便于交通改成了两柱。

沿正阳门向南，中轴线东侧的前门地区，有一处隐秘的三里河公园。碧水、红花、青墙、灰瓦，街回路转，曲径通幽，既有江南水乡的意韵，又有北京胡同的风情。三里河原本是北京城护城河的泄洪渠，《明史》对此有专门记载。居民沿河而居，戏楼、会馆错落其间。但到了清末，随着人口增加及新的泄洪通道形成，三里河逐渐被填平，最终消失。2016年8月，北京启动三里河绿化景观项目，依据历史的河道位置和走向进行还原，让三里河重现于世。中轴线申遗，让老北京焕发新生机。

时光流转，正阳门历经数百年沧桑，其军事防御功能早已消失，作为老北京亮丽新名片的文化功能日益提升。

2021年8月，为了解正阳桥的位置与形制，北京市文物局对正阳桥遗址开展了考古发掘工作，其中出土了一具明代遗存石雕——镇水兽，俯卧在雁翅石条上，形态浑厚大气，造型逼真。头朝东南，俯向水面一侧；尾向西北，略弯曲，身披鳞甲，局部饰祥云纹。据了解，镇水兽被发现时，距现状地表深2.5米。该兽长3米，宽1.4米，高48厘米。镇水兽为龙之九子之一，性好水，故常被安放在桥边，人们希望它能观察水情、防止河水泛滥、镇消水患。一般古代重要桥梁在四个方向的雁翅上均设置一具镇水兽。此次发现对研究北京城护城河及其防御、水利、交通体系具有重要作用，同时也有助于了解正阳桥的地理方位。此后不久，这只镇水兽又有"新动作"：一个栩栩如生、通体蓝色的IP形象——"北京中轴线上的镇水小神兽"正式亮相。作为中轴线申遗的卡通形象，这只名为"水灵龙"的小神兽引发诸多关注，同时也让更多人感受到"活"起来的中轴线文化。

北京中轴线是一个古今交融的产物，是一个活着的遗产。相较于中轴线上不可移动的、静止的文物古建，盘旋在正阳门城楼上的雨燕、响彻钟鼓楼畔的鸽哨，则是跃动的、非静止的历史文化印记，是中轴线上的"活态文化"。北京雨燕被称为"北京城的精灵"，并当选为中轴线申遗的"代言人"。每年春夏季节，高大的正阳门城楼上，雨燕栖息盘桓、追逐竞飞的景象，已持续了数百年。清同治九年（1870），北京雨燕因在北京被首次发现而得名。这是目前世界上唯一以"北京"命名的候鸟。它们就像一群"空中旅行家"，每年4月从非洲南部飞抵北京筑巢繁殖。天坛公园、正阳门城楼、北海公园……古建高楼下总能看到它们翱翔的身姿。8月前后，它们再陆续返回非洲南部越冬。从2019年起，正阳门管理处开始尝试在城楼天花吊顶上为雨燕提供草编的人工巢托，成功帮助了雨燕完成繁殖。截至2022年9月，相关统计结果显示，北京雨燕的种群数量正在回升，据估算已超过1万只，遍布中轴线沿线、北京老城。

2020年10月，正阳门箭楼修缮启动。在修缮过程中，每一处都坚持原材料、原形制、原工艺、原做法，最大限度保留历史信息。2022年6月，正阳门箭楼下，运行了18年的前门旅游集散中心正式完成外迁，旅游集散中心的售票亭、显示大屏、候车长椅、遮阳棚等设施拆除，原本停放在箭楼南侧的旅游客运车辆也全部撤离，路面和人行道恢复正常功能，整个"月亮湾"区域景观亮出来。正阳门箭楼历经一年修缮，撤掉围挡，露出了真容。

登高俯瞰，自正阳门向南约3公里，一条开阔的仿古御道延伸至永定门，两侧大树纵向成列，绿意盎然，烘托出中轴空间景观序列，形成了南中轴线正阳门与永定门之间通透的绿色视觉廊道，尽显中轴古韵。

这条延伸至永定门的仿古御道，诉说着南中轴700余年的光阴故事。明清时期,这段路是皇帝出行至天坛祭天,或到先农坛扶犁必经的中央御道;2004年,南中轴路建成通车,曾作为城市交通干道,陪伴市民走过15个年头;2019年,随着珠市口至永安路段御道修葺完毕,公交110路临时停车场腾退后恢复绿化,南中轴御道贯通,再现一轴贯通南北的历史景观;如今,沿着这条文化之轴缓步而行,脚下是沧桑厚重的石板,前后是古色古香的城楼,路两侧是川流不息的车辆,我们仿佛可以触摸到这座城市的灵魂线、生命线。

天　坛

天坛位于紫禁城东南方，始建于明永乐十八年（1420），是我国乃至世界现存规模最大、形制最完整的祭天建筑群，堪称中国古代礼制建筑的巅峰之作。

天坛主要建筑有祈年殿、皇乾殿、圜丘坛、皇穹宇、斋宫等，还有回音壁、三音石、七星石等名胜古迹。明清多为皇帝均于冬至日时祭皇天上帝，正月上辛日（每个月的第一个辛日）行祈谷礼。此外，每遇新帝即位、皇子诞生、册封皇后、奉安太后等皇家盛典或自然灾害、罪臣反叛、外虏入侵等国家大事，皇帝也要亲自或者派遣亲王祭告天帝，祈求保护。

《左传》云："国之大事，在祀与戎。"在中国历史上，皇帝以"天子"自居，即"天之子"，认为自己是天命的承担者和执行者，是"天"的化身。所以，《尚书·洛诰》中有"奉答天命"之说，《礼记·曲礼下》有"君天下曰天子"之说，《秦誓》则明确提出"惟天惠民，惟辟奉天"。他们用天命礼治的思想来论证自己统治的合法性，秉承"以德配天"的主张，宣扬上天赋予有德行的君主帝王一统天下的权力。他们可以支配整个国家的命运，甚至臣民的生死。他们也必须代表这个国家和人民的利益去祭祀天神，祈求上天护佑政权的稳定、国家的富足和人民的安居乐业。

董仲舒在《春秋繁露》里说"王者承天意以从事"。他认为君主"受命于天，天意之所予也，故号为天子者，亦视天如父，事天以孝道也"。这种君权神授的说法意义重大，为帝王及其政权存在的合法性找到了一个不容置疑的理由：帝王的即位及政权的建立是天定的，是天意。帝王是天之子，代天行事，其权威不容挑战，冒犯天子，就是冒犯上天。这种说法表达了帝王与天的一种特殊的关系，既是帝王神圣地位的依据，又是臣民对君主的一种期望。在漫漫历史长河中，帝王在诏书中多用"天兴""天赐""天福""感天""应天""法天"等词语，都是为了表示帝王与天的这种特殊关系。"奉天承运"作为中国传统君权统治合法性的来源，充分体现了帝王的神圣不可侵犯性，以及不以人的意志为转移的必然性。

坛，是中国古代用于祭祀天地、社稷等活动的台型建筑，所以有"祭坛"之称。中国很早就有在郊外设坛来祭祀天地的记载。《周书》曰："设丘兆于南郊，以祀上帝，配以后稷农星，先王皆与食。"意思非常明确，就是祭祀天地，不能在城内尤其是室内进行，而需要在郊外修建一个高大的台子。人在上面感觉与天更为接近，有一种天人合一的象征意义与感觉，所以"坛"这种形式，就成了中国古代礼制建筑的一种重要类型。此后，大型祭坛的建筑和使用逐渐被统治者垄断，由人间最高的统治者来主祭自然界最高的神。

明朝建立后，朱元璋命大臣考证礼乐制度，拟定祀典仪礼，在都城南边的钟山之阳建了一座圜丘坛祭天，在钟山之阴修了一座方泽坛祭地。洪武十年（1377），朱元璋以"人君事天地犹父母，不宜异地"为由，叫停了冬至、夏至天地分祀的做法，把祭天的圜丘坛改为天地合祀的大祀殿（又称天地坛）。

明成祖朱棣迁都北京后，依应天都城遗制，在正阳门外轴线东西两侧，建天地坛，为天地合祭。坛形南方北圆，四面辟门，南面为正门。门内甬道向北直通大祀殿，形成一条贯通南北的中轴线。轴线西侧建有斋宫，轴线北端即双重矩形壝墙围绕的大祀殿。壝墙四面设门，北门以北有天库，南门内设仪门，称大祀门，大祀门内即主体建筑大祀殿。大祀殿位于高台之上，两侧有廊庑与东西配殿相通，形成封闭的院落空间。

明世宗在位期间，对国家祭祀礼仪进行了大刀阔斧的改革，对明朝以后的祭祀礼仪和嘉靖朝的政治、经济产生了深远影响。这一改革涉及宗庙祭礼、郊礼、帝王庙、孔庙祭礼等方面。嘉靖九年（1530），明世宗决定恢复北京四郊天地分祀的制度，在天坛建圜丘坛，专门祭天；在北郊建方泽坛，专门祭地（皇地祇）；在东郊建朝日坛祭日（大明之神）；在西郊建夕月坛祭月（夜明之神）。嘉靖十三年（1534），明世宗下诏将圜丘坛建筑群和大享殿建筑群合称为天坛。嘉靖二十四年（1545），大享殿落成，为圆形三重檐攒尖式建筑，颜色自上而下为青、黄、绿。

到了清代，乾隆帝非常重视礼制建设，对天坛进行了大规模扩建、改建及修缮，包括扩建圜丘坛，改建祈年殿，新建圜丘坛门、斋宫、寝宫等一系列工程。天坛在这一时期发生了巨大的变化，我们现在所看到的就是乾隆帝改建后的天坛。乾隆帝对祭祀期间的各类仪规也进行了重新规范，加强对祭祀乐舞生的管理和约束，对祭天器具的外形材质进行规范。乾隆帝对祭天建筑、仪制的更定延续至清末，在祭天制度发展史上起到了重要作用。

斋宫位于天坛西侧，为明永乐年间建筑，是一座方形宫城，有围墙两重、御河两道。皇帝斋戒时，有侍卫在河廊守护，戒备森严。斋宫东向，正殿五间，崇基石栏，三出陛，正面十三级，左右各十五级，陛前左边设斋戒铜人亭一座，右边设时辰牌亭一座。从明代至清前期，皇帝斋戒时一直居住于斋宫内。雍正九年（1731），雍正帝在紫禁城内新建了一座斋宫，并将祭前斋宿改在紫禁城斋宫中进行。到了乾隆时期，为表达其祭天诚意，乾隆帝认为斋戒还应在南郊斋宫进行。当时，长期闲置的天坛斋宫已出现严重破损，乾隆七年（1742）六月，乾隆帝下令修建南、北郊斋宫。同年，降旨增建斋宫内建筑。

乾隆十二年（1747），清廷又对损坏严重的天坛内外坛墙进行修缮。为整齐划一，将原土墙拆修，内、外垣墙身两侧铲去浮土，上包城砖两进，下包城砖三进。修理后的坛墙坚固，大多保留至今。

乾隆十四年（1749），因圜丘坛上陈设幄次以及祭品的空间过于狭窄，于是又扩建圜丘坛。乾隆十五年（1750），改建大享殿两庑。次年，乾隆帝"考大享之名，与孟春祈谷异义"，故改大享殿为祈年殿，大享门为祈年门，意为祈求年丰谷实，并将祈年殿屋檐的琉璃瓦颜色由原来的青、黄、绿三色改为纯青一种颜色，祈年门和两侧配殿也同时改成了青瓦，标志着祭天典礼由明朝的合祀天地转向清朝的单纯"祈谷于天"的变化。改造工程竣工后，乾隆帝亲书匾额，匾左为满文，右为汉字，俱题"祈年殿"。

乾隆十七年（1752），改建皇穹宇。皇穹宇在圜丘坛北，基周十三丈七寸，高九尺，台面前檐镶砌青白石，周围接墁天青色琉璃砖一路。殿庑柱槛均青色琉璃，正殿供奉皇天上帝，配位列祖列宗；东房供二十八宿、周天星辰等神；西庑供奉夜明、风云雷雨诸神。围垣周长五十六丈六尺八寸，高一丈八寸，门三，均南向。乾隆帝将皇穹宇重檐式殿顶改为单檐式，地面用青石铺墁，围墙墙身及槛均用山东临清砖砌成。此砖以"敲之有声，断之无孔"著称于世，皇穹宇围墙因此成为举世闻名的"回音壁"。

乾隆十九年（1754），天坛西门外垣之南新建门一座，与先农坛东南坛门相对，称圜丘坛门，用于冬至祭天时出入，并将原有的天坛大门改称祈谷坛门，用于正月上辛日祈谷时出入，形成了南北两坛、规制严谨的格局。乾隆三十五年（1770），又增建天坛望灯杆。明代，望灯仅有一座，乾隆时增至三座。望灯高约九丈九，上悬大红灯笼，灯笼内有红烛。祭天大典时，周围漆黑一片，坛上烛光摇曳，望灯高悬，灯影烟云。

天坛的主要建筑是祭天台与祈年殿，其主要功能就是祭天与祈年。《中庸》言："万物并育而不相害，道并行而不相悖。"就其功能而言，祭天是天子希望皇天上帝保佑天下太平，祈年则是希望上天保佑五谷丰登，将"天地合而万物生，阴阳合而变化起"的"天人合一"的核心思想用皇家礼仪体现出来。古代帝王正是利用这种"天人合一"、神道设教的方式，营造一种神秘氛围，给统治天下臣民建立合法性基础。

祈年殿是祈谷坛的中心建筑，整个建筑不用大梁长檩及铁钉，完全依靠榫卯连接起来，是中国古典木结构建筑中的一大奇观。祈年殿不仅以顶蓝象征天，其内部设计建造几乎就是古代天文思想的综合体现。殿内托起三层巨大屋顶重量的是28根高大的楠木柱，中间4根称通天柱，象征春、夏、秋、冬四季；中层12根朱红漆柱，象征一年的12个月;外层12根是檐柱,象征一天的12个时辰;两层相加共24根,象征一年的24个节气;加上中间4根通天柱,共28根,象征二十八星宿;加之藻井周围有八根铜柱环立,共36根,代表三十六天罡;殿顶下面的雷公柱,象征封建帝王的"一统天下"。祈年殿的设计是"天人合一"思想的绝佳体现。

祈年殿外形高大宏伟,却又优美典雅。湛蓝的天空下,三层晶莹洁白的圆形汉白玉石台托起一座体态雄伟、构架精巧的圆殿,青瓦红柱,金顶彩绘。与紫禁城建筑的横向平顶不同,祈年殿三层蓝色攒尖屋顶逐级收分向上,最终相交于镏金宝顶之下,既有强烈的动感,又不失端庄稳重。整个建筑以圆形表达,年月日时,循环往复,周而复始。

与祈年殿并重的建筑是圜丘坛。圜丘坛以远古露天郊祭为原型,由三层圆形汉白玉石台叠落而成,层层登高有入天之感,又称神坛、祭天台、拜天台等。其中数字"九"的应用表现在台阶、栏板和铺面石的数量上。圜丘坛的每一层都有石栏环绕,上层为72块,中层是108块,下层最多,共180块。从坛中心的天心石向外三层台面,每层铺设九圈扇形石板。整个造型简洁质朴,上覆天宇,下承黄土,披星戴月,"坛而不屋",是人工建筑融入宇宙天地空间的极富想象力的构思。圜丘坛四周遍布林木植被,环境肃穆,让人不由得产生情接蓝天之感。

天坛作为迄今为止世界上最大的祭天建筑群落，把对天的认识、对天的崇敬以及对天的期盼表现得淋漓尽致，带给人充实、圆满、无限、和谐、开阔、崇高的审美享受，具有极其珍贵的文化价值。

天坛由内外两重围墙环绕，整个建筑平面呈"回"字形，北面围墙高大，半圆形；南面围墙略低，方形。这不仅强调了天圆地方的宇宙观，又寓意"天尊地卑"。南端的圜丘坛，是皇帝冬至时分祭天的场所，周围被两重矮墙环绕，内墙圆外墙方，又一次强调了天圆地方的宇宙观。北端的祈谷坛，是皇帝孟春时分祈谷的场所，周围被方墙环绕，主体建筑祈年殿在圆形台基之上，仍是天圆地方宇宙观的表达。

天坛位列我国四大回音古建筑之首，能产生声学现象的古迹奇多，如圜丘坛、皇穹宇等。圜丘坛最上面一层的圆形"天心石"，又称"太极石"，取中国哲学"太极是万物本原"的宇宙观思想，象征天下归宗，九九归一。人站在"天心石"上，若发声则会听到仿佛来自四面八方的回音，宛如站在被一种神秘气氛所笼罩的奇异空间之中，一呼即起，百应回鸣。皇穹宇位于圜丘坛与祈谷坛之间的轴线上，为一圆形院落，正殿即皇穹宇，是存放皇天上帝神版的殿宇。

天坛的建筑形制无处不体现中国天圆地方的宇宙观思想，中国古代统治者在承载这一思想的天坛中祭天，正是为了不忘天地"规矩"。连接圜丘坛与祈年殿的丹陛桥南低北高，祭天时皇帝从南天门进入，寓意先后有别方能步步高升，即冬至祭天崇天道在先，孟春祈大地五谷丰登、万物葱茏在后。

天坛是祭祀天地，祈求风调雨顺的场所，作为皇家建筑自然以黄、红二色为基调，但为了体现祭祀的象征意义，祈年殿上檐覆盖以蓝色的琉璃瓦，代表"天"；中层黄色，代表"天子"；下层绿色，代表"地"，这样祭祀上天，祈求五谷丰登，突出生命与丰年的主题。

谈及天坛，离不开它与太庙的关系。天坛属自然神崇拜，天帝是"众神之神"。太庙属祖先崇拜（人神），是"众庙之首"。天坛、太庙建筑同出一源——朝。朝是一种古老的建筑，即一块朝阳的、地势较高的空场。最早的祭祀场所，兼有祭天、祭祖功能，后来发展为大房子，就是最早的庙堂，兼具明堂的功能。理政、祭天、祭祖共用，人数众多的时候在室外的"朝"。后来"朝"搬得稍远，起高成台，即为天坛。因为祭台需要更大的空间，也需要和自然更加接近，宗庙便从帝王主政的地方——朝廷分离，太庙成为独立的皇帝祭祖的场所。

在天、地、祖的关系中，天比祖大。因为，天是神，祖是人。但是，天没有祖亲。所以，祭天要远，是"郊祀"；祭祖要近，是"廷祀"。人和自然、人和祖、人和人的关系十分清晰。所以《荀子·礼论篇》说礼有三本：

"天地者，生之本也；先祖者，类之本也；君师者，治之本也。"

天坛作为明清两代帝王举行祭天、祈谷、常雩等祭祀大典的场所，承托着中国古人数千年来形成的对于自然神的崇拜和期盼。自《周礼》以来，祭天礼仪的制定和形成是几乎每一个朝代开创之初必须首先确立的国之根本，因此，历史上关于祭天礼法的记录比比皆是。

八国联军侵占北京后，英军以天坛为军营，美军则占据先农坛作为军营。为了运输补给物资，英军开始修复被义和团破坏的天津与北京之间的铁路。因原来天津到北京的终点站马家堡车站已经被义和团彻底焚毁，重建费时费力，且马家堡车站距离北京城又太远，英军决定放弃马家堡车站，而把原马家堡火车站的铁轨继续向东北延伸，一直修到了永定门，并在永定门城楼西侧的外城城墙上开凿一个豁口，在护城河上架起一座铁桥，使铁轨延伸进入北京外城。铁轨进入永定门西城墙后，继续向东北延伸斜切永定门内的关厢地带，向东拐直穿过永定门内大街，再沿天坛西坛墙向北，一直到北京天坛祈谷坛西天门外作为终点——这就是天坛火车站。慈禧太后和保守派千方百计阻挠的铁路，自此进入了北京城。这也是北京中轴线上第一次出现现代化的设施。

1900年底，天坛火车站完工后并投入使用，八国联军原在后方天津指挥的高官都是从天坛火车站进入北京城的。联军官员到达后，会提前准备通往东交民巷的马匹和车辆，车站也会进行戒严。平时负责铁路治安的是英属印度士兵（驻扎在天坛内），外围会有联军训练的中国巡警协助。铁路带来的人流和商业气息很快被北京百姓感知，天坛车站附近很快聚集了很多商贩、乞丐和出租骡马车。当时的站台非常简单，位于天坛祈谷坛西天门南侧的坛墙之下，在火车停靠的铁轨外围用石柱围成一个长方形区域，车站站牌就是一块简陋的木板，上面写着"PEKING"字样的牌子，是唯一的文字标识。

1901年末，天坛火车站还在使用，八国联军大都是从这里上车离开北京的。正阳门东站通车后，天坛火车站被取代，原因主要有两点：第一，地处外城，远离处于政治中心的内城；第二，距离外国人生活和聚居地使馆区东交民巷过远。因此，和谈结束后，铁路连接东交民巷的需求开始呈现。为了把铁路修到东交民巷，英国人决定放弃天坛火车站，在永定门东侧、天坛以东的空旷地带重新规划路线：铁路向北直通内城东南角楼，利用城墙和护城河间的空地铺设铁轨，再向西直通崇文门瓮城，在瓮城两侧拆除券洞供铁轨通行，在箭楼下拆除门洞供行人车辆通行。铁轨继续向西到达正阳门东侧，在此设站，也就是正阳门东站。

此后，铁路的控制权转交给清政府，清政府不久即拆除了废弃的天坛车站和城墙到天坛西天门之间的铁轨，而城外的一小段废弃铁轨一直留存到20世纪50年代。正阳门火车站建成后,整个北京南城城墙内外的铁轨被全部拆除。永定门城楼西侧的城墙豁口在拆除天坛火车站后被清政府修复,在后来的永定门照片中还能看到城楼西侧的墙体有一块明显和其他墙体不同。

宣统元年(1909),是封建帝王的最后一次祭天。民国成立后,天坛停止祭祀。逊清皇室将原供奉在天坛的祖先神牌全部撤走,移入太庙,祈年殿及斋宫等处殿堂关闭,随后移交给北洋政府内务部礼俗司掌管。但是,内务部对天坛的管理极为粗疏,既无管理人员派驻,也未制定新的管理办法,只是名义上的接收,使得天坛一度沦为林场、跑马场、战场。这一时期,天坛虽没正式对外开放,但私人进园游览的情况却越来越普遍,而各界在坛中集会亦多,尤以每年春季的学界运动会最为热闹。

1913年,为纪念民国建立一周年,天坛自1月1日至10日向社会开放,并在先农坛殿堂廊舍展出宫廷祭器,"不售入场券,凡我国男女、吾界及外邦人士届时均可随意入内观览"。到了开放日,"天坛门首,但见一片黑压压的人山人海,好像千佛头一般,人是直个点的往里灌……这一开放,把荒凉的坛地变成无限繁华。这几天游人日盛,不止北京 方面,连天津、保定府、通州之人来逛的也不在少数[①]。此次开放虽仅10日,但京城普通百姓可以借

---

① 杨曼青:《游坛纪盛》,《正宗爱国报》1913年1月13日。

此一睹昔日皇家禁苑风貌，在民国北京城市发展史上是一个重要的节点。

1914年，外务部礼俗司曾允许外国人持外交部专门的"介绍券"进入坛内参观，并作了相应规定，但这仍然不是真正意义上的公园开放。1914年12月，天坛上演了袁世凯主祭的祭天典礼。这一典礼极力模仿古代帝王祭天的礼仪与服饰，且得到了孔教会、清朝遗老的支持，却在社会上激发了以"民主"为旗帜的广泛质疑与批判，进而被坐实为袁氏预谋复辟帝制的"罪证"。事实上，该典礼是袁世凯重塑权威的仪式表演，这是"袁家班"和各种旧势力合谋自身利益最大化的意图体现。民国一代，以大总统之身行天坛祭天典礼者，仅袁世凯一人而已，这也是中国历史上最后一次国家祭天典礼。这次祭天典礼，在一定程度上是中国传统"礼治"的回光返照，也为后世留下了难得的镜鉴。

1917年6月，北洋政府内务部就天坛辟为公园一案提出调查报告，对坛内树木进行调查，给所有树木挂牌编号，并测绘了天坛全图。总统黎元洪还曾率各部长官，在天坛斋宫河畔植树，倡导绿化。但此时政局动荡不安，这些措施很难真正落实。7月，张勋复辟帝制。吴佩孚、冯玉祥率领的"讨逆军"入城后即会师，先包围先农坛，炮队则在月坛上架炮，对天坛内的张勋军队实施炮火攻击。双方在天坛激战长达5小时，天坛与先农坛遭受重创。战后的天坛断壁残垣，弹痕累累，古木凋零。战争结束之后，内务部成立天坛办事处，负责筹办公园事宜。1918年1月1日，在北洋政府内务部主持下，天坛被辟为公园，任人购票游览，正式对外开放。据当时的《群强报》记载：

> 天坛为历朝祀天之所，建筑闳丽，林木幽茂，实为都会胜迹之冠。外人参观向由外交部予执照，而本国人士罕有游涉。今者内务部特将天坛内重事修葺，平垫马路，以期引人入胜。订阳历新年一号，将斋宫、皇穹宇、祈年殿一律开放，任人购票游览。……观光之士、考古之儒，行见连骑叠迹于其间矣。①

民国时期，天坛的建筑、园林和礼仪陈设均受到严重破坏。由于地势开阔，天坛地区在战乱频发的时代多次成为军队驻扎之地，曾经的皇家坛庙变为军营。此后，天坛坛域不断遭遇挤占、蚕食，一些建筑设施也被拆毁。1912年，民国政府借8.7万余平方米天坛外坛地创办林艺试验场。1915年，林艺试验场开始在外坛广为植树，并在泰元门外修筑道路。1917年，传染病医院开始占据神乐署后院屋舍建院，从此开始有外单位占据坛地建筑。至1935年，

---

① 《开放天坛》，《群强报》1917年12月30日。

虽有坛庙管理处的监管，但天坛内用地和建筑被侵占严重，建筑倾圮破败，院落杂草丛生，往日恢宏、庄严之气势皆已荡然无存。

1935年1月，北平成立了旧都文物整理委员会，这是专门从事古建筑修缮保护及调查研究的政府机构。3月，根据北平市政府拟具的《文物整理计划书》，旧都文物整理委员会作出决议：以两年为限，分两期修缮北平城内大批古建筑及部分道路工程。其中，天坛是这次修缮工程的重点。

经过招标，基泰工程司中标天坛修缮工程。1935年2月至3月，基泰工程司对天坛进行现状勘察，拍摄了大量的现状照片，稍后完成了《天坛建筑勘察报告》《天坛修缮计划书》《修缮施工图纸》《天坛修理须知》《修理天坛招标办法》等诸多工程技术文件。由于天坛修缮工程是旧都整理工程最早开始的修缮项目，其全面规范的修缮计划和实施方法对于其后的工程有着重要的垂范作用。朱启钤、梁思成、刘敦桢、林徽因等古建专家担任工程的技术顾问。修缮工程项目包括圜丘坛、皇穹宇、祈年殿及祈谷坛台面、祈年门、祈年殿东西庑及其围墙、南砖门及成贞门、皇乾殿和外坛西墙。对天坛的主要建筑圜丘坛重做地基，换掉残损的石料，整理了排水设施，使整个圜丘坛的3034块石面平整密缝。祈年殿修缮时，将屋面全部卸下，修整三层外檐；宝顶用铜皮焊成，磨光镏金，套在雷公柱外；把歪斜的雷公柱修正，使宝顶端正地落在由大块琉璃砖拼成的须弥座上。对皇穹宇进行的修缮，则是将梁柱、墙面等原有装饰进行了彩绘，将柱子沥粉贴金，墙面花边纹样照原样补齐。同时，对皇穹宇前的三阙门和圆形围墙、琉璃砖瓦等也一一精确磨制对缝。①

担任天坛主要修缮任务的施工方为恒茂木厂，它的前身是清代赫赫有名的"八大柜"之一的兴隆木厂，清末时由马辉堂掌管，至清末民初关张。恒茂木厂即为马辉堂长子马增祺留学回国后所开办，主要从事建筑材料和建筑构件的生产。此次天坛修缮工程，马增祺被聘为基泰工程司的顾问，其弟马增新当时已是基泰工程司的建筑师，两人不仅具有传统建筑世家的传承，同时皆系20世纪20—30年代在西方学习建筑后归国的新一代建筑人才。更为重要的是，曾经参加过清末皇家营造工程的一批具有精湛技艺的老匠师参与了本次天坛修缮工程，且传统营造体系下的木、砖、瓦、石、工程辅料等物资的生产、供应仍很完善。因此，尽管天坛修缮工程量大、工艺难度高，工程仍最大程度运用传统工艺、技术和材料，在保证工程坚固的前提下，保持和恢复了天坛建筑的原貌。此外，光绪十五年（1889）天坛祈年殿毁于雷火，兴隆马家末代掌柜马辉堂与兴隆木厂参加了祈年殿复建工程。此次天坛大修，马

---

① 崔勇：《1935年天坛修缮纪闻》，《建筑创作》2006年第4期。

增祺将当时重建祈年殿的规范、材料、工序等技术资料拿出，协助杨廷宝完成了天坛祈年殿大修工程。[1]天坛作为中国古代工程技术和建筑艺术集大成者，这次修缮保护工程开启了近代北京大规模古建修缮保护工程之先例。

展开一张明永乐年间始建时的天坛地图，可以发现，天坛的建筑布局整体呈"回"字形，由两重坛墙构成内坛、外坛两大部分。然而，进入20世纪之后，天坛不断遭到破坏，最终变成了倒"凸"字形。七七事变爆发后，日军控制天坛神乐署、牺牲所。1939年末，日本西村英二组建日军1855部队，占据天坛神乐署原北平制造所，设立病理试验、细菌制造、细菌武器三课。1948年12月，国民党军队在坛内构筑工事，设置电台、仓库、医院，并在天坛昭亨门南建飞机场，占地20万余平方米。为建机场，国民党军队扒毁南坛墙200余米，又炸毁两座明代建石牌坊，房屋千余间，古树千余株。

新中国成立后，天坛管理部门对圜丘坛、皇穹宇、长廊、神库、宰牲亭、祈年殿等建筑进行了多次维修。1957年天坛被列入北京市第一批古建文物保护单位，1961年被国务院列入第一批全国重点文物保护单位。

在现代化进程中，内、外坛部分区域长期被一些单位

---

[1] 曹鹏、温玉清：《1935年天坛修缮保护工程经验管窥》，《天津大学学报（社会科学版）》2011年第2期。

和民居占用，最多时被侵占达90余公顷。1960年，对天坛公园的土地使用提倡要"以农业为基础，以粮为纲，充分利用土地生产蔬菜，供应城市"。1963年，北京市城市建设委员会、园林局确定天坛有三个方面的作用，其一就是发展果品生产。此后，天坛公园种植了大量果木。不过，这些功能较多偏离了公园的"本分"。

20世纪80年代后，在"以文物保护为前提，恢复历史原貌为方向"的规划设想中，天坛表现出回归的大势，不仅主要建筑内恢复了原貌陈设，而且陈列了与祭天相关的多种展览，还组织了大型祭祀仪仗和乐舞表演，从而在传播祭天礼仪文化方面发挥了突出作用。

1998年，天坛被列入《世界遗产名录》。世界遗产委员会评价："天坛是建筑和景观设计之杰作，朴素而鲜明地体现出对世界伟大文明之一的发展产生过影响的一种极其重要的宇宙观。许多世纪以来，天坛所独具的象征性布局和设计，对远东地区的建筑和规划产生了深刻影响。两千多年来，中国一直处于封建王朝统治之下，而天坛的设计和布局正是这些封建王朝合法性之象征。"

2008年，北京第29届奥林匹克残奥会"圣火"火种在天坛点燃。之所以在天坛举办，正是因为天坛是中国古代祭天的场所，意味着"天人合一"的中国传统文化核心理念，体现着中国人对人与自然和谐的追求，也契合了残奥会会徽的"天、地、人"理念。

为了保护世界文化遗产，近年来天坛及其周边启动了一批腾退项目。2018年，天坛南门、西门外核心区的最大简易楼腾退后，被遮挡了半个多世纪的坛墙终于露出真容。2020年，天坛东门外的天坛东里北区1号至8号简易楼腾退后，在原址建起了7600平方米的街边公园，形成自然式混交林，重现了历史上天坛外坛的郊祀景观。同时，天坛公园核心游览区内部，曾经被侵占的"失地"也逐步收复。2019年，天坛泰元门复原修缮工程完工。自此，天坛圜丘坛四座天门遥相对望，天坛内坛终于呈现出完整的格局。

先农坛

先农坛位于中轴线南端西侧，又名山川坛，是明清两代帝王祭祀先农、山川、神祇、太岁诸神及举行"亲耕耤田"典礼的场所。先农坛内的耤田是明清两代皇帝扶犁亲耕、表率臣民之地，也是祭祀先农耕耤典礼仪式的核心。

祭先农和耕耤礼在中国传统礼制中具有重要意义。自古以来，中国以农业立国，历代都非常重视耤田祀先农之礼。耕耤礼是象征一年农事开始的礼仪。开春之时，天子躬耕以劝农，号召天下百姓勤劳务农，并祈求风调雨顺，五谷丰登。天子扶犁亲耕的田地称为耤田，在耤田中举行的以天子亲耕为核心内容的仪式称为耕耤礼。皇帝表率臣民，通过亲身劳作，产出的粮食以供粢盛（祭祀）。

先农是指中国农业的始祖。据传炎帝神农制作农具、教民耕种、遍尝百草，至西汉时期，人们开始以"先农"称呼神农，祭祀神农的祭坛也改称先农坛。后代帝王沿袭汉制，皆建造先农坛祭祀神农，向天下臣民昭示皇帝重视农业的态度。每到春天开播前，无论帝王还是百姓，都要向他顶礼膜拜，祈求丰年。

天子躬耕耤田的目的是事天地诸神、祈国家农桑、宣政本教化。因此，历代皇帝多重视亲行耕耤礼。历史古籍中有明确纪年的耕耤礼，最早见于汉代。《史记·孝文本纪》有前元二年（前178）诏曰"夫农，天下之本，其开耤田，朕亲率耕，以给宗庙粢盛"，记述了汉文帝亲耕之事。《汉书》中也有一些记载，如永平十三年（70）"春二月，帝耕于耤田，礼毕赐观者食"；永平十五年（72）二月，东巡狩，"帝耕于下邳"；等等。可以看出，皇帝亲耕时有百姓围观，行礼之后赏赐围观百姓，以达到教化百姓、劝民农桑的目的。皇帝在巡狩途中，虽远离京师仍行亲耕礼。汉代是中国传统礼制建设的重要时期，不但从理论上确立了周礼的权威性，而且在形式建设上也逐渐定型化和模式化，对后世产生了深远影响。

汉以后的中国，帝王重视亲行耕耤礼的记载几乎没有间断，相关的制度也比前朝详细，体现了中华民族一脉相承的重农传统和以农立国的治国之本。

先农坛始建于明朝永乐十八年（1420）。在此之前，明太祖朱元璋定鼎南京，曾于洪武九年（1376）在南京正阳门外建造山川、太岁、先农诸坛。先农坛"一如其制，建于太岁坛旁之西南，为制一成，石包砖砌，方广四丈七尺，高四尺五寸，四出陛。西为瘗位，东为斋宫、銮驾库，东北为神仓，东南为具服殿。殿前为观耕台，用木，方五丈,高五尺,南东西三出陛"。先农坛建筑群与其东的天地坛(天坛的前身,当时为合祀天地的祭祀建筑)相对,合祀太岁、月神以及风、雨、雷、电诸神,共有13座祭坛。这种祭祀制度和格局为明代诸帝所继承。明成祖营建北京,仿南京制度,在京城南郊西侧建山川坛,坛在殿内。正殿七间,设七坛,祀太岁及山川诸神;东西庑各三坛,祀四季月将等神。嘉靖帝修订礼制,改建山川坛。

明正德十六年(1521)四月,朱厚熜以武宗堂弟的身份继承皇位,是为嘉靖帝。嘉靖帝违反传统礼制,坚持尊生父朱祐杬为皇考,引发了与诸大臣的矛盾,史称大礼仪之争。与大礼仪之争相伴生的,则是嘉靖帝对原有祀典的全面更定。为了与重订的祀典制度相适应,嘉靖帝下令建造新的祭坛。嘉靖九年(1530),嘉靖帝应给事中夏言之请,变更交祀之典,改天地合祭为四郊分祀,分别建造圜丘坛祭天,方泽坛祭地,朝日坛、夕月坛祭祀日月。次年,命礼部考察太岁坛制度,礼部认为"太岁之神,唐宋祀典不载,元虽有祭,亦无常典",但考虑到"太岁之神"的重要地位,"宜设坛露祭,准社稷坛制而差小",于是"建太岁殿于正阳门外之西,与天坛对"。

太岁殿面阔七间,九檩进深,无前廊,单檐歇山顶,黑琉璃绿剪边屋面。檐下施以单翘重昂七踩斗拱。殿内金柱二排,用镏金斗拱,无天花板。构架施和玺彩画,菱花隔门。殿内置一汉白玉须弥座,即太岁坛。太岁殿南部为拜殿，规制与太岁殿相近，面阔七间，进深九檩，无廊步，单檐歇山顶，黑琉璃瓦绿剪边屋面。檐下施以单昂单翘五踩斗拱，内转镏金斗拱。室内同样无天花板，构架饰以和玺彩画，菱花隔扇门。殿南有宽大的月台，三出陛。东南方有大型焚帛炉三间。东西庑位于太岁殿前方两侧，各面阔十一间，前出廊，七檩悬山顶，黑琉璃瓦绿剪边屋面，构架饰以旋子彩画，全部为方格隔扇门。[①]观耕台在拜殿的东南方，是每年皇帝举行耕耤礼时观耕的地方，原为木质临时性搭建的坛台。

嘉靖十一年（1532），改山川坛名为天神地祇坛，也就是南郊的西坛。天神地祇坛是天神坛、地祇坛的合称，天神、地祇二坛皆为一成、方制，东西相对。天神坛位于东方，南向，设有风、雨、雷、电四坛；地祇坛位于西方，北向，设五岳、五镇、五陵山（基运、翊圣、神烈、天寿、纯德）、四海、四渎等五坛。从祀的京畿山川西向排列，从祀的天下各大山川则东向排列，两坛前设有神龛。至此，先农、太岁、神祇等祭坛最终得以确立。嘉靖年间确立的太岁坛格局一直沿用至明末，未有大的改变。

清朝定鼎北京后，继承明朝的祭祀制度，并对明代遗留的坛庙进行了修缮。顺治二年（1645），定坛庙祭祀则

---

① 北京市宣武区建设管理委员会、北京市古代建筑研究所编：《宣南鸿雪图志》，中国建筑工业出版社，1997年，第105页。

例：正月上旬占卜，择吉日遣亲王于太岁坛祭祀太岁；二月的亥日，皇帝亲自祭祀先农。顺治八年（1651），顺治帝亲政，非常重视各种朝政礼仪制度，因此礼部在接到顺治帝的指示后，便仿照明朝祭先农的仪式进行安排。顺治九年（1652）十二月，刑部官员赵进美上奏皇帝应亲祭先农、行亲耕礼，称"农乃天下之本，王者所重"。应其所请，顺治十年（1653）三月，顺治帝即颁诏举行祭先农祀典，并从此定制。为举办此次祭祀活动，顺治帝还谕令礼部等相关部门提前筹备具体事务。顺治十一年（1654）初，礼部便将祭祀先农的全部仪式计划上奏顺治帝批准。同年二月，顺治帝第一次亲飨先农、扶犁亲耕。

仪式举行前二日，皇帝要进行斋戒。祭祀头一天，是阅看祝词、耒耜和种子的仪式。负责宫廷坛庙祭祀的太常寺官员，在紫禁城中和殿内恭设祝版、黄案，皇帝驾临中和殿，阅看祝词、耒耜和种子，行一跪三叩头礼。验视完毕之后，内院官捧祝文至太和殿，礼部官跪接，捧出至午门外，安于亭中，行一跪三叩头礼。飨先农的当天早晨，銮仪卫准备好法驾，王以下、贝勒以上官员，均着朝服在紫禁城午门内两侧朝房听候。贝子以下从耕陪祀的文武百官，先赴先农坛，分班序立，候驾来临。这时钟声响起，皇帝着朝服上御辇，王、贝勒在午门内金水桥旁分班序立，等候御驾过后，再听命随行。皇帝到先农坛门外下辇之后，礼部官、太常寺官先引导皇帝到具服殿盥洗，然后导引皇帝到先农坛前祭祀先农神。

皇帝亲耕行"三推三返"礼。亲耕以后,是接犁接鞭仪式。皇帝亲耕完后,还要举行庆贺礼宴请群臣。在开始筵宴前,陪祀百官行庆贺礼——三跪九叩头,然后皇帝赐茶。吃完茶,光禄寺设宴,请皇帝入位。先给皇帝进酒,王以下官员于原位行一跪一叩头礼,然后开始筵宴。筵宴时,王及百官按官阶次序入座,耆老农夫等坐在旁边。筵宴完毕,王公及百官行礼后,圣驾还宫。当皇帝进午门时,午门鸣钟,公以下各官在天安门外金水桥旁跪候驾过,王以下、公以上在午门内序立迎接。至此,繁文缛节的皇帝亲耕礼即算告成,飨先农礼也至此结束。

顺治劝农,以尽快恢复社会秩序和农业生产,既是当时清初统治者稳固政权的需要,也是统一中国、尽快弥补财政缺口的需要。顺治初年,清政权虽已入主中原,初步统一了江南,但广大的西南地区、西北地区乃至东南的台湾仍然还没有统一,统一战争依然如火如荼,容不得半点停歇。即便是已经控制的华北、江南地区依然动荡不安。在劝农的象征性仪式外,清初统治者还采取了诸多恢复社会生产、稳定社会秩序的措施。为了尽快平定战乱并稳定新王朝的统治,清廷不得不在维持战争经费的前提下,尽可能地采取措施,与民休息。

顺治帝亲耕后,后面的清朝皇帝对行耕耤礼都非常重视。每年仲春或季春吉亥之日被规定为皇帝亲耕典礼的吉日，大致在农历的惊蛰之后。清代规定，前一个月，由礼部向皇帝报请耕耤日、从耕三公九卿官员名单以及演耕事。从耕的三公九卿官员都是国家统治集团中的核心人物。由于耕耤礼属中祀，在顺治、康熙两朝，皇帝仅是设立之初或亲政之初亲诣先农坛祭祀，一般年份多是遣官代祭，如康熙朝祭先农始自十一年（1672），皇帝仅在这一年参与亲祭。终康熙朝61年，50年中均遣官代祭。雍正帝在位13年，除雍正元年（1723）因忙于其皇考、妣大葬等新政要事未能亲祭外，从雍正二年起至雍正十三年，共亲祭先农、亲耕耤田12次，几乎年年不辍。雍正四年（1726）下诏，令全国各省州县普遍设立先农坛行耕耤礼，将历代帝王对先农的崇拜推向了顶峰。

康熙皇帝一贯的重农政策以及身体力行的重农实践在史书中留有许多记载。《清史稿》卷七记载，康熙四十一年（1702），"皇帝省耕畿南，经博野，圣祖躬秉犁器，即功竟亩，观者万人"。继明嘉靖帝在宫苑内辟地亲耕后，康熙帝也在宫苑之中"亲临劝课农桑"。他虽然仅一次前往先农坛亲耕，但深知"王权之本在乎农桑"的重要，在西苑"治田数畦，环以溪水"种试验田，培育良种，体察农事，赐名"丰泽"。

雍正时期把耕耤礼的制度建设推到极致，成为一项从中央到地方的国家制度。雍正帝亲耕时不但在以往"天子三推"的礼仪基础上又加了一推，还颁发了新修订的

《三十六禾词》,并于雍正四年(1726)向全国发出谕旨,颁发《嘉禾图》。《嘉禾图》为宫廷画家郎世宁所绘。雍正五年(1727)以后,全国许多地方建立了先农坛。乾隆帝亲行率耕表现得更为突出,行耕耤礼的次数为历代皇帝之冠,在位期间行耕耤礼58次,其中29次亲行演耕。与此同时,他还坚持到丰泽园和圆明园的山高水长行耕耤礼。

乾隆帝在位期间,对先农坛进行了大规模的改建和扩建。改建后的先农坛规模宏大,"先农、天神、地祇三坛与太岁殿合建于正阳门南之西,当都城末位(西南方),外垣南方北圆,砌以城,覆砖瓦,周一千三百六十八丈"。规制为方形,南向。此外,坛内建有神库、神厨、具服殿、神仓、庆成宫(先农坛原来的斋宫,乾隆间更名为庆成宫,耕耤礼举行完毕,皇帝在此接受百官的朝贺)等建筑。此前,观耕台是一个木结构平台,而且往往是在每年进行耕祭礼仪时临时搭筑。乾隆十八年(1753),先农坛撤去旗纛庙,移建神仓;改木构建筑的观耕台为砖石琉璃建筑,周围饰以黄琉璃瓦,并以汉白玉栏杆围绕,装饰分外华丽。观耕台东有耤田1.3亩,为皇帝观耕之处,通常说的"一亩三分地"即指此处。

乾隆朝对先农坛的修缮过程中,不仅注意到建筑本身,而且注意在坛内栽种树木。先农坛多年以来未加崇饰,其周边空隙之地甚至有老百姓灌园种菜,"殊为亵渎"。乾隆帝认为应"多植松柏榆槐,俾成阴郁翠,庶足以昭虔妥灵"。因此，乾隆年间在对先农坛的建筑进行全面修缮的同时，还特别提倡在坛内植树，"先农坛及各坛宇俱于数年内次第修整完竣，内外垣间向日圃畦，今易植嘉树，与垣内苍松蔚为茂荫"。

乾隆十九年（1754），清高宗御旨将先农神坛改由砖石砌筑，台座四面饰以谷穗图案的琉璃砖，其上加汉白玉栏杆，台阶饰以莲花浮雕，象征吉祥如意。乾隆年间的整修，使得先农坛内松柏苍翠，幽静肃穆。乾隆帝以后的几位皇帝虽然都对先农坛进行定期修缮，但没有再展开大规模的修造工程。

关于清代祭祀路线，以光绪帝为例：皇帝从紫禁城出，由外坛先农门进入，向西通过内坛东门，沿御路绕过观耕台，向西然后北折至先农坛，祭祀完毕，至具服殿更换龙袍以进行耕耤礼，皇帝于耤田亲耕，亲耕完毕，于观耕台观看三公九卿从耕。如皇帝首次亲耕，耕耤礼成后由内坛东坛门达庆成宫行庆贺礼，后起驾出先农门回宫。

明清两代先农坛祭祀如此鼎盛，其背后也有一定的必要性和合理性。相关研究发现，明清时期处于气候变化的小冰期，剧烈的气候变化，会引发更多的水旱灾害。由于抵御严重灾害的能力不足，先人需要通过"御灾祭祀"来求得心灵慰藉和寄托，朝廷的禳灾活动对安抚百姓和稳定社会秩序具有重要的作用，而祭祀活动本身也是当时的重要减灾措施。由国家主导的"御灾祭祀"成为农业祭祀中的重要内容,并呈现出与"礼制常祀"不同的形式。

明清时期的先农坛祭祀是国家级的祭祀,是一种国家意志的表达。祭祀对象分别是先农祭祀的"农神"和太岁祭祀的"时神",在祭祀的功能、时间和仪式等方面有其独特之处。

作为明清两代的农业祭祀场所,先农坛的太岁祭祀区别于民间祭祀并具有明显特征。通常年份,一般会按照既定的礼制典章举行"常祀"。但是,在遭受严重旱涝灾害或者频繁报灾的场合,天坛、社稷坛、先农坛等就会临时增加具有特殊功能的"非常祀"。明朝时期的礼制规定,如遇旱灾,多以天坛和社稷坛大祀为主,清朝初期也大致相同,但乾隆朝之后则是以先农坛中祀为主,天坛、社稷坛祭祀依然发挥其功能。

先农坛内的太岁殿是"御灾祭祀"的供奉圣地,是人与神对话的场所。太岁殿、拜殿及东西配殿殿顶的覆瓦变成了黑色,是这一时期太岁之神兼负降水之任。经过"大礼仪之变"后,整个先农坛太岁祭祀已经成为具有功能性的文化符号,其内容和形式也随着外部环境的变化而变化,尤其是因气候环境引发的农业灾害频发,成为举办"非常祀"的主要理由。通过"非常祀"的频繁举办,应对灾害,同时也达到"以祀理政、以祀驭民"的目的。

明清统治者应对自然灾害的祭祀行为,虽与传统自然观和自然神信仰密切相关,但不能简单斥之为"封建迷信"。在中国传统的自然观中，基于"天人合一"的理念和自然崇拜的观念，天（自然）与人是感应互动的双方。作为履行天职的"天子"，是人世间的最高统治者。应对"天灾"的祭祀活动，既是这种感应互动的直接体现，也是构成中国传统农业文化的重要组成部分。天子要体现对民众的关心，民众也需要通过"御灾祭祀"来求得心灵慰藉和寄托，以增强禳灾的信心。

祭祀是通过仪式来体现的，其中的文化表达蕴含着丰富的精神内涵。明清两代为了应对灾害而举行的国家级的农业祭祀，体现出了对礼制范式的改变。作为国家意志下的应对措施，祭祀仪式的变化反映在农业文化之中，体现在人们对天人感应关系的理解变化之中。祭祀活动不仅可以在短期内起到安抚民心和稳定社会的作用，而且可以促进灾后减免税赋、兴修水利和鼓励农耕等惠民政策的落实。特别是清朝，随着对自然灾害的认识不断加深，救灾减灾日渐趋于合理，农业祭祀的精神安抚功能逐渐减弱，但其中的文化劝导功能依然发挥着独特的作用。

八国联军侵占北京后，美国第九营及十四营据守先农坛，将先农坛内的陈设、祭器、礼器及各种库存物品一律席卷而去，坛内古树亦遭严重破坏。《辛丑条约》签订后，清政府被迫赔偿各国大量白银，再也没有实力对祭坛进行修缮。光绪三十二年（1906），清政府宣布停止对先农、朝日、夕月、方泽等祭坛的亲祭仪礼，每逢祭典则遣官代祭，甚至停祀。北京先农坛自建成后，第一次遭到被废弃的命运。

民国成立后，先农坛被内务部礼俗司接管。尽管先农坛在战争中遭受了很大的破坏，但由于坛内林木葱郁、绿草如茵，并且向来为皇家独占，在普通群众心目中的神秘色彩仍然存在，因此前往各处祭坛游览观光者日众，管理人员禁而不止。

1913年新年期间，为纪念共和1周年，北洋政府宣布将天坛和先农坛开放10天，任人游览。先农坛内处处人头攒动，观者如潮。1915年6月17日，正逢端午佳节，在京都市政公所的主持下，北京南城的第一座平民公园正式开放了，初名为先农坛公园。坛内陆续新辟鹿囿、花圃、书画社、书报社、球场、茶社和秋千圃等休闲娱乐设施，还不时放映电影，燃放焰火。1917年，京都市政公所将先农坛外墙拆毁，将北部辟为市场，南部辟为公园。京都市政公所对旧有的建筑进行维修，广植树木，使祭祀先农神的祭坛变成了京城市民旅游观光的大众公园。1919年，先农坛的南北两园合并，统一称作城南公园。先农坛内又兴建了两座新式建筑，一座以观耕台为底座，上建八角二层的观耕亭，造型仿照欧洲古典花园中的玻璃亭；另一座系纯欧式的三层钟塔，也称四面钟。

不过，民国时期的先农坛虽然因为祭祀功能的削弱而逐渐没落，但先农坛地界中，香厂却因为适应市民娱乐而一度繁荣。香厂原为明朝的废园，清末因厂甸开辟马路（现南北新华街）工程没有竣工，厂甸庙会无法举行，便临时迁移到香厂一带举行。从此，香厂每逢正月，商贩游人便丛集于此。京都市政公所建立后，选择将香厂地区作为城市改造的示范区域，并命名为香厂新市区。《京都市政汇览》记载：

> 旧日都市沿袭既久，阛阓骈繁，多历年所而欲开辟市区以为全市模范。改作匪易，整理日难。则惟有选择相当之地，以资展拓，使马路错综若何，修筑市房，建造若何规定，以及市肆品物、公共卫生，无不力求完备，垂示模型。俾市民观感，仿是程式，渐次推行，不数年间，得使首都气象有整齐划一之观，市域规模具振刷日新之象，亦觇国之要务，岂仅昭美观瞻而已也。矧京师市面当元二年间，日见衰敝，公所因之益觉模范市区难置缓图。当查香厂地面，虽偏处西南，而自前朝之季，已为新正游观之区。一时士女骈集，较之厂甸或且过之。是可验位置之适宜，人心之趋向，遂于民国三年悉心计划，着手进行。计南抵先农坛，北至虎坊桥大街，西达虎坊路，东尽留学路，区为十四路，经纬纵横，各建马路，络绎兴修，以利交通。其区内旧有街道尚未整理者，

则分年庚续行之。路旁基地，编列号次，招商租领，凡有建筑规定年限，限制程式，以示美观。约计放出各地。迄今四载，已占全数之九，而次第建筑在八年度底均可竣工。揆之开放初意，尚属相符。迩年以来，商市渐盛，南部一带民房颓败，公所亦拟从事收用再行拓展。①

根据京都市政公所规划，香厂区域内道路，铺装地面、铺设电线、电话线、自来水管和地下排水管线，兴建一批新式建筑，并翻修了通向宣武门大街、前门大街的马路，沟通了城市交通联络线。同时，制定地块标租、项目建设招标以及市政市容管理等法规，引进各类商户。经过几年的建设，这里逐渐成为一处集商业、娱乐、餐饮等于一体的具有近代色彩和生活方式的新型城市街区，对城南区域市民生活内容的丰富以及生活方式的转变影响非常明显。

由于香厂地区处于京城发展程度相对偏低的南部地区，土地价格低廉，当相关市政设施逐渐完善之后，加之官方的极力倡导，在短期内就吸引了雀巢公司、南洋兄弟烟草公司等外国知名企业以及汽车出租公司、化妆品公司、绸缎店、百货店、茶馆、饭庄等百余家店铺在此

---

① 京都市政公所编：《京都市政汇览》，1914年，第104页。

落地。

　　香厂地区采取统一规划，强调区域内各单体建筑的风格协调与整体的有序布局。这一地区的发展是官方力量与市场因素共同发挥作用的成果，是北京城市化进程中典型样本，对于周边地区的带动作用亦很明显。

　　1917年，由英国工程师麦楷设计的新世界商场在香厂路和万名路交界处建成。整个建筑仿照上海大世界的布局，占地约4亩，整体高5层，局部高7层，成为北京城的标志性建筑之一。屋顶为花园，内设有电影场、戏场、说书场、京津杂耍场、商品售卖场、地球厅、坤书宫、中西餐馆、咖啡馆、照相馆等，并配备了电梯、暖气、电扇等现代化设施，是当时京城规模最大、设施最先进的室内综合商业场所。开业后，参观游览者云集，民间有竹枝词描述其盛况："香厂建成新世界，如云仕女杂流民。五层楼阁冲霄起，戏馆茶寮百味陈。"①

　　1918年，北洋政府曾任督军的李准投资，请广东人彭寿康在先农坛外坛北部的香厂地区建起了城南游艺园，香厂路一带迎来了最辉煌的时期。因城南游艺园与新世界商场邻近，且均为当时北京的大型娱乐场所，所以当时二者打擂台、抢生意，成为全北京瞩目的大事。新世界是楼房

---

① 王开寅:《都中竹枝词》，雷梦水等编:《中华竹枝词》，北京古籍出版社，1997年，第236页。

建筑，而城南游艺园除京剧场有一层楼外便再没有楼；新世界只是室内活动，那么城南游艺园必须设有茅亭曲水；广东烟火有名，城南游艺园每周必放，而新世界却办不到；城南游艺园有话剧（当时称为文明新戏），新世界则没有。两家竞争得很激烈，但也有好处，那就是将全北京城的人都吸引到了香厂地区，附近西菜馆和百货商场云集，每天晚上这里都是人来人往，熙熙攘攘。

香厂地区的开发与改造，成为民国年间街巷建设的突出范例。当时正值第一次世界大战，欧美各国忙于战争，无暇顾及中国，中国出现了政局相对平稳的时期，北京的城市建设也获得了机会。从新型的住宅区和新型西方式的建筑中，可以明显看到香厂地区的建设受到了西方的影响。西方城市设计的模式激发了中国城市管理者的想象力，他们用西方城市的规划方法设计城市。当时除了香厂地区，还有北京饭店、前门火车站等，都聘请了西方的城市设计师进行设计，还购买了气压机、汽碾等工程机器，用来铺设街道。

不过，香厂地处北京城市南部，在市政配套设施建设方面落后，交通也不便利，虽然有官方的重点扶植，但其偏高端的定位与周围的人口结构、消费水平并不匹配，虽然繁荣一时，但缺乏长期发展的动力。随着新世界商场1921年毁于大火，这里也就逐渐衰败了。

上述商业街区的出现，带动了北京城市经济的发展，同时也更深刻地体现出北京城的典型特征：在城市化进程中，工业发展相对滞后，经济以消费性服务业为主，缺乏有力的产业支撑。经济推动力与城市规模不匹配，导致近代北京城市发展动力不足。国都南迁之后，带动了大批具有消费能力的人口迁移，消费规模明显下降，经济迅速陷入低迷之中。

1934年，南京国民政府规定"所有平市各坛庙及天然博物院以拨归北平市政府负责管理为妥"。次年初，内政部坛庙管理所更名为北平特别市政府坛庙管理事务所，开始对天坛、地坛、先农坛等残破建筑进行修缮。1937年，北平市政府在先农坛修建了公共体育场。先农坛体育场是民国时期乃至新中国成立初期北京唯一的大型公共体育场。

1949年7月1日，中国共产党成立28周年纪念大会在先农坛体育场举行，毛泽东、朱德、周恩来等国家领导人出席。10月23日，先农坛体育场举办了新中国第一届综合运动会——北京市人民体育大会。这是新中国成立后的第一次新型运动会，具有一定的推广和示范作用，因此西北、东北、华北、华东、华中地区以及上海、天津、南京、济南、青岛、大连、西安等城市都组织参观团来京学习。1951年5月，在先农坛体育场举办了全国篮、排球比赛大会，以各大行政区为单位组队参赛。此后，先农坛体育场多次承担全国、全军、全市或基层所举办的田径、自行车、足球等赛事。

1953年，北京体育大学的前身中央体育学院在此成立。1955年10月2日，第一届全国工人运动会在这里开幕，党和国家领导人毛泽东、刘少奇、朱德、周恩来、邓小平、贺龙等莅临会场。10月30日，毛泽东在先农坛体育场观看了中华体总体训班与苏联泽尼特足球队的比赛，这是他一生中观看的唯一一场国际足球赛。1957年，女子跳高运动员郑凤荣，在先农坛体育场举行的一次田径比赛中，跃过了1.77米，打破了当时女子跳高的世界纪录。1957年6月2日，中国足球首次冲击世界杯的比赛也是在这里举行的。

先农坛体育场于1954年和1955年两次进行改建、扩建，看台由原来的10级增加到26级，观众也由1.5万人增加到近3万人。场地四周矗立起4座38米高的钢架照明灯塔，使精彩的足球比赛可以在凉风习习的夜晚进行。

1959年随着规模宏大的北京工人体育场的建成，先农坛体育场在承办大型活动的场地安排中，逐渐处于二流角色的地位，但并没有因此而影响其在体育界的作用。1956年，国家体委安排足球、篮球、排球和乒乓球4支国家集训队在先农坛体育场训练。乒乓球国手王传耀、姜永宁、岑淮光、邱钟惠，足球宿将年维泗、史万春，篮球名将钱澄海、白金申陆续来到先农坛。一时间，这里云集了当时中国最优秀的体育人才，成为当之无愧的新中国体育摇篮。

自1956年北京开始组建优秀运动队之后，先农坛体育场先后修建了运动员生活楼和训练场地，有1个中心体育场、2个足球练习场和1个投掷场。至此，先农坛体育场逐渐向训练基地转轨。

优秀运动队自组建伊始，即由北京市体委直接领导，始名北京市体育运动委员会竞技指导科，先后改名北京师范学院运动系、北京体育师范学院运动系、北京市体工大队、先农坛体育训练基地，1988年改名北京市先农坛体育运动技术学校（简称先农坛体校）。项目最多时，有足球、篮球、排球、乒乓球、田径、游泳、自行车等20个。

为迎接1990年的第十一届亚洲运动会，先农坛体育场完成了它的历史使命，于1986年拆掉重建。1988年9月，一座设计更加科学合理、功能更加完善的先农坛体育场拔地而起，占地面积3万平方米，建筑面积2.4万平方米，拥有塑胶田径跑道、草皮足球场、玻璃钢座椅以及大型彩色屏幕、现代化通信音响和电子设备的新先农坛体育场。

先农坛留给大家印象最深的还是北京球迷的最爱——国安足球队。这支绿色狂飙给京城球迷带来了激情和欢乐，沈祥福、高洪波、李辉、高峰、谢锋、曹限东、魏克兴、米乐、符宾等的绿色身影是球迷难忘的回忆。随着首都体育事业的发展，北京陆续兴建了多个训练基地。各个基地早期的领导和教练大多都是先农坛体校培养的人才。

进入21世纪后，先农坛体校再创辉煌。乒乓球队连续

9年获世界单打冠军、团体冠军，蝉联10次全国乒乓球单打、团体冠军。2006年，体操队员张楠、周卓如在丹麦举行的第39届世界体操锦标赛上获得女子团体冠军，是中国第一次获得女子团体冠军。2008年的北京奥运会上，张怡宁力克强手，蝉联两届奥运会乒乓球女子单打冠军并获女子团体冠军；"高低杠公主"何可欣夺得高低杠冠军和女子体操团体冠军；滕海滨夺得鞍马冠军。

北京运动队不仅是叱咤风云的体坛劲旅，也是传播友谊的和平使者。1971年，庄则栋在日本名古屋举行的第31届世界乒乓球锦标赛期间，主动与"搭错车"的美国队员科恩握手，并赠给他一块中国杭州织锦。这一新闻轰动了世界，并促成了中美乒乓球队互访，继而"小球推动大球"，使中美关系取得历史性突破。[1]

从20世纪80年代末开始，先农坛经历了一个积极抢救修缮、拆除违章、恢复古坛风貌的过程。20世纪80年代末，北京市政府投入大量资金修缮太岁殿院落。北京市文物局在先农坛太岁殿成立北京古代建筑博物馆筹备处。20世纪90年代中期，神仓院落启动修缮。北京市政府将先农坛观耕台以东以南（含耤田区域）划拨给北京育才学校，观耕台以西以北（含观耕台）划拨给北京古代建筑博物馆。之后，北京古代建筑博物馆逐步收回先农坛内坛的大部分

---

[1] 熊彦武：《坛里坛外话沧桑》，《北京档案》2012年第2期。

文物建筑，并对其进行全面修缮。2000年初，北京市政府和宣武区政府各出资1000万元，迁移130多户长期住户及七八家单位。自2002年9月起，包括太岁殿、具服殿、观耕台、神厨、先农坛、神仓在内的4组古建筑陆续对外开放。2001年，先农坛被公布为第五批全国重点文物保护单位。

2018年，先农坛庆成宫启动腾退工作，主体建筑得到修缮。2019年，先农坛耤田内的"一亩三分地"恢复耕种。这里曾是明清两代帝王祭祀先农、举行亲耕耤田典礼的地方，如今观众可以走进耤田，辨识五谷，闻一闻稻花香。2021年底，位于先农坛内的北京古代建筑博物馆腾退拆除了具服殿北侧、西侧的1200平方米办公建筑，打通了先农坛太岁殿前的历史景观视廊。历史上用来储存耤田产粮的神仓院落也将进行修缮，而已经完成腾退的宰牲亭也很快会重新开放。

在近20万平方米的保护规划空间里，先农坛内坛整体将会展现出怎样的历史风貌？如果将先农坛完整地放回到北京中轴线建筑群中，古老的中轴线和北京城又会释放出怎样的历史魅力？

对此，所有人都充满着期待。

永定门

永定门是北京中轴线的南端点，也是京城外城最重要的城门，寓意"永远安定"。明初，明成祖朱棣曾五次率军远征蒙古部落，国防安全问题尚未突显。嘉靖年间，蒙古骑兵多次兵临城下。明朝政府为巩固城防，遂决定在北京城内城的外围修筑外城城垣。但由于国力不济，外城建成"包京城南一面"的"凸"字形格局后，便匆匆收尾。由于经费不足、工期较短、施工仓促等多项因素，永定门城门的建筑形制在初建时并不完善，如缺少瓮城和箭楼，仅仅建成了城楼和城台等基本建筑设施，且与内城城门相比，规模形制较小，屋顶形制为简单的重檐歇山式灰筒瓦顶，灰瓦脊兽的门楼，施工工艺也较为简陋。

虽然外城实际上只修建了内城的南面部分，所谓"外城"实质上只能视为北京的"南城""南郭"，但外城的建成确确实实改变了明北京中轴线的空间格局。新修建的外城南城垣共有七门，外城正门被命名为永定门。至此，北京城的原中轴线正式向南扩展，不仅形成了正阳门—永定门的外城空间，而且原来的中轴线长度也在增加，改变了原中轴线空间中内城至南城城墙之间狭窄、紧凑的城市空间格局。京城中轴线往南延伸至永定门，大约延长了3100米，使北京中轴线从北起点钟楼北街丁字路口至南郭永定门距离约7902米。永定门因此成为当时外城的标志性建筑以及由南进入京城的第一道"大门"。①

永定门位于明清北京外城七座城门中的中央，嘉靖三十二年（1553）始筑。《明世宗实录》记载："新筑京师外城成，上命正阳门外门名永定，崇文门外门名左安，宣武门外门名右安，大通桥门名广渠，彰义街门名广宁。"所以，永定门又称正阳外门，此外还有永安门、永昌门等名号。当时，还在护城河上建了一座单孔石台木梁的鸾桥。嘉靖四十二年（1563）十二月，距外城完工10年以后，明世宗采纳了时任工部尚书雷礼的谏言，开始着手完善外城七门的城门形制。嘉靖四十三年（1564），包括永定门在内的7座外城城门的瓮城增筑工程基本完工，但并没有在此基础上加建箭楼。当时的瓮城上，只开辟了直对城门的券洞。所以，原护城河改道绕瓮城而过，原建于护城河上的鸾桥自然也移建于瓮城南面。作为北京中轴线与城墙的交会点，永定门的修筑，标志着北京中轴线形制的完善。

---

① 王淑娇：《起点与记忆：历史轮回中的永定门及其空间功能阐释》，《城市学刊》2018年第4期。

永定门是北京城南端第一道防线,曾在拱卫北京城的历史中发挥过重要作用。明崇祯二年(1629),皇太极绕开关宁防线,亲率满蒙八旗劲旅十余万人,与袁崇焕部四万人鏖战于永定门外的沙子口一带。永定门之战成为明末京师保卫战中的重要一役,明军将领满桂、孙祖寿等战死。

顺治入京登基亦由永定门入城。清朝初年,永定门仍保持着明代城门楼、瓮城的样式。乾隆十五年(1750)后,热衷于完美建筑的皇帝弘历下令在原永定门瓮城南端再增建箭楼。新建的箭楼通高15.85米,通宽12.8米,单檐歇山式灰孔顶,南、东、西三面设箭楼二层,南面每层7孔,东西每层3孔,共计26孔箭窗。永定门箭楼的建筑使北京内外城建置一致,形成了完整的军事建筑群。乾隆三十一年(1766),永定门又一次重建。这次重建,极大提高了永定门城门的规格,使其成为外城七座城门中规格最高的一座城门。

重建后的永定门城门加盖了箭楼,屋顶形式为单檐歇山灰筒瓦顶,东、西、南面各开设两层箭窗,南面每层设有7个箭孔,东西两面每层各有3个箭孔。箭楼所处城台正下方开设一券洞门。永定门城楼则升级为重檐歇山三滴水楼阁式建筑,面阔七间,进深三开间。瓮城为方形,采用小圆弧角,中间设有门洞,门洞附近分别设有关帝庙、观音寺、永寺庵和佑圣庵。至此,永定门城楼完全建成。

道光十二年(1832)、宣统二年(1910)虽也曾对永定门进行修缮,但形制基本没有太多改动。

明清时期，永定门既是帝都南城墙的象征，也是京城通往中原至南方的旱路通衢要道，出永定门南行，经南苑、大红门、黄村至庞各庄、榆垡、胡林店、北十里堡过永定河至固安、霸县、雄县至保定等地。清代修建永定门至南苑的石御道及南苑至黄村的官道并设置铺舍，是通往河南、山东及南方各省的交通要道。康熙帝下江南，也多从永定门出发。康熙三十二年（1693）绘制的《康熙南巡图》清晰勾画出了当时永定门的形象。

清军入驻北京城后，实行满汉、兵民"分城居住"，原本居住在北京内城的汉人被迫迁往左安门、永定门、右安门与崇文门、前门、宣武门之间的外城，由此形成了"兵民分置、满汉分治"的格局。经过一个多世纪的发展，在永定门以北、前门以南之间逐渐形成一个以汉族士人为主要居民且具有特殊文化基础与文化氛围的区域，人们习惯将之称为"宣南"。另外，永定门作为城南最大的城门，是周边百姓出入京城最主要的交通要道，手工业与商业较为发达，成为商贾进行商业往来的贸易关口。

光绪二十六年（1900）五月十五日，日本使馆书记官杉山彬在永定门附近为甘军董福祥部所杀，此事成为八国联军入侵北京的导火索之一。七月二十日，英美军队攻入永定门，董福祥军战之不胜，退出北京城。不仅如此，近代以来永定门还见证了铁路等新交通方式的传入与对传统空间秩序的冲击。1897年卢汉铁路修至北京城，在永定门外设立马家堡火车站,后在义和团运动中被烧毁。八国联军侵占北京后,以天坛为军营,为便于运输军需物资,就毁坏了永定门西侧城墙,将铁路修至天坛西门,后来还将铁路修至正阳门两侧,在正阳门东、西均修建了火车站。仲芳氏《庚子记事》记载:"昨出永定门,见印度兵将城楼以西城墙拆通一段,铁路接轨进城,千百人夫大兴工程,不日即可齐全,便开火车矣。"

1902年,慈禧乘火车至马家堡火车站,又改乘銮驾经永定门、正阳门返回紫禁城。1904年,清政府裁撤漕运总督后,铁路成为主要交通方式。1907年,正阳门东火车站所连通的铁路正式更名为京奉铁路,并于1912年全线通车。

1924年,瑞典学者喜仁龙曾仔细考察了永定门在民国时期的形制,及其周边的景观细节。他在《北京的城墙和城门》一书中描述:

> 永定门是外城最大、最重要的城门。位于南垣中央,是从前门一直延伸下来的大街终点。这条大街两旁有许多土产商店,南段两侧则是天坛和先农坛围墙。这样,城门从大街上即可远眺,它与体躯高大、整修完好的城楼,给人以雄奇壮伟的印象。……不过,这幅图把城门表现得过于完美,而未体现出北京尘沙的肆虐——一旦刮起北风,城市这一端就弥漫着大量尘沙。

瓮城内景色优美，有若干树木和店铺。除了用长扁担挑着筐子的人，还有人力车、手推车、骆驼队和军用物资（运往南面营地），川流不息地从这里通过……人们有时停在瓮城内外的小吃店前……接着这股人流穿过深壕之上的宽阔石桥，从桥头沿斜坡向东面和西面分道而去。桥上总是热热闹闹的，而与桥相连的街道两侧，又有鳞次栉比的旧式店铺，构成与这繁华场面非常相称的背景。忙碌扰攘的城市生活，暂时集聚于此，然后涌向城外，涌向远处宁静的郊野。

　　从西侧，全部建筑一览无余，使你可以看到永定门最美丽、最完整的形象。宽阔的护城河边，芦苇挺立，垂柳婆娑。城楼和弧形瓮城带有雉堞的墙，突兀高耸，在晴空的映衬下现出黑色的轮廓。城墙和瓮城的轮廓线一直延续到门楼，在雄厚的城墙和城台之上，门楼那如翼的宽大飞檐，似乎使它秀插云霄，凌空欲飞。这些建筑在水中的倒影也像实物一样清晰。每当清风从柔软的柳枝中梳过时，城楼的飞檐等开始颤动，垛墙也开始晃动并碎裂……[1]

---

[1] ［瑞典］奥斯伍尔德·喜仁龙著，许永全译：《北京的城墙和城门》，北京燕山出版社，1985年，第183—192页。

自永定门城楼前向北望，东有天坛，西有先农坛，正北透过路两侧繁华商铺，可遥望正阳门箭楼，自永定门外箭楼前北望，玲珑的箭楼及瓮城将永定门城楼衬托得异常雄伟。自吊桥两侧北望可见瓮城的雉堞及城箭楼的侧影映在护城河水面上，河岸茂密的芦苇、垂柳掩映，十分幽静，恰与关厢的熙攘市井形成鲜明的对比。

沿永定门向北，至先农坛和天坛北坛墙外，原有一条自西而东的水沟，称为龙须沟。在中轴线上跨河而建一桥，名为天桥。因天桥在东、西龙须沟中间，故天桥又有"龙鼻"之称。此桥为天子南郊祭祀通行专用，两侧设有边桥供行人交通往来。此桥原为木桥，在《乾隆京城全图》中此段剥蚀不清，难辨形制。乾隆十八年（1753）改造天坛时，改为单拱石桥。1906年修筑外城马路时，降低了桥拱，1927年铺设电车轨道垫平桥面，仍保留石栏板。1934年后，由于拓宽马路拆去地面构件，天桥基址被埋入地下。

元明时期，处于北京正阳门外的天桥一带视野空旷，环境清幽，是京城人士重要的郊游之地。清朝定都北京后，限令内城汉人及商贩迁往城外，正阳门外商业遂日益繁华，成为全城重要的商业、娱乐中心。至道、咸年间，天桥地区陆续出现茶馆、鸟市，一些梨园行人士在此喊嗓、练把式，但尚未形成很大规模。此时，天桥仍是一派田园景色。据掌故学家齐如山回忆：

当光绪十余年间,桥之南,固旷无屋舍,官道之旁,惟树木荷塘而已,即桥北大街两侧,亦仅有广大之空场各一,场北酒楼茶肆在焉。登楼南望,绿波涟漪,杂以芰荷芦苇,杨柳梢头,烟云笼罩,飞鸟起灭。天坛之祈年殿,触目辉煌,映带成趣,风景至佳。意者,此即曩昔诗人吟咏憩息之处也。场中虽有估衣摊、饭市及说书杂耍等,而为数不多。闻父老言,桥之两侧,旧各一亭,内有方石幢一,咸丰年犹在,至同治,其一移桥东某寺,又一置于桥西斗姥宫,至今尚存。迄光绪间,仅余二亭之三合土基址而已,今则并基址亦渺不可寻矣。尝思浮摊杂耍,原应趋附商业发达之区,天桥地本空旷,且无商业,其所以至今日之繁华阗喧者,固有深故……①

实际上,天桥商业的日渐兴起与清末民初北京城市空间结构变动,以及市场体系的兴衰密切相关。当地安门、东四、崇文门、花市等曾一度繁盛的商业区域相继衰退之时,天桥则借助于靠近正阳门、永定门的区位优势,逐渐吸引了一批摊贩以及曲艺、杂技从业者。光绪二十六年(1900)后,天桥地区的商业因义和团和八国联军受到一定

---

① 齐如山:《天桥一览·序》,《天津商报每日画刊》1936年第19卷第28期。

冲击，但旋即恢复。

民国成立后，天桥地区的商业功能更加丰富。除众多摊商外，天桥还新增了戏园、落子馆等娱乐场所。不过，天桥在日渐繁盛的同时，区域内环境也在恶化，"地势略洼，夏季积水，雨后敷以炉灰秽土。北隅又有明沟，秽水常溢，臭气冲天，货摊杂陈，游人拥挤"，与齐如山所述之光绪年代的景色已截然不同。

1914年京都市政公所建立后，平垫香厂，修成经纬六条大街，如华仁路、万明路等，开启香厂新市区建设，很大程度上改善了天桥周边区域的环境。新世界商场、城南游艺园在香厂地区先后建成，也为天桥带来了大量客流，天桥的经营面积大大扩张。20世纪30年代后，北平因国都南迁而市面空虚、百业萧条，但天桥地区则因定位低端、消费廉价而迎合了特定的消费群体未受太多影响，依然繁荣异常。不仅如此，这一时期的游客也并非完全是北京城的下层市民，中上阶层亦有涉足其间者。所以当时有人赞叹天桥总是"艺人如蚁，游人如鲫，虽在此平市百业萧条、市面空虚中，而天桥之荣华反日见繁盛"。

天桥是北京深具文化内涵的城市地标，曾经矗立于天桥两旁的乾隆御制"双碑"，更是古都南中轴线上极富特色的历史文物。"天桥双碑"是清代乾隆帝敕建于天桥两侧的御制石碑，一东一西并排而立，是北京中轴线上重要的文化景观。齐如山在为《天桥一览》作序时所提及的天桥两侧"旧各一亭,内有方石幢一,咸丰年犹在",同治间一移桥东某寺,一迁桥西斗姥宫。文中所说的"石幢",就是今人所称的"天桥双碑"。

天桥"东碑",即天桥东北弘济院内的"正阳桥疏渠记碑"。弘济院,俗称红庙,清末以降逐渐为居民居住,不过迁入的天桥"东碑"一直存留,并于1984年被公布为市级文物保护单位。天桥"西碑"则经历了曲折的迁徙过程。民国年间,斗姥宫即已不存,移入庙中的"西碑"也被拆至先农坛存放,后来一度销声匿迹。直到1993年文物普查,方才得到"西碑"已于20世纪60年代埋入先农坛地下的线索,但位置不详。天桥"西碑"刊有乾隆帝亲书的《帝都篇》《皇都篇》两篇碑文,在北京建都史上具有特别的文化意义,因而2001年首博新馆奠基之后,决定尽快找出这块珍贵的清代御碑。2004年,终于在先农坛北区查到"西碑"下落,并于次年4月出土,引发巨大轰动。报道称,沉埋地下40余年的天桥"西碑"保存完好,重达40多吨,"堪称国宝级文物"。

天桥"西碑"出土后,学者曾呼吁恢复天桥古迹,将分散两处的"天桥双碑"复归原址,但这个建议未能实现。2006年5月18日首博新馆正式开馆,几经流落的天桥"西碑"也迁置于首博北文化广场东侧,成为新馆的"镇馆之宝"。作为京城目前最大的石刻文物,以及首博唯一的室外展品,天桥"西碑"格外引人关注。

1949年1月31日，北平和平解放。2月3日，北平和平解放入城式分两路同时进行。从南苑出发，经永定门入城的一路，以军乐队为前导，特种兵车队在群众的夹道欢迎和口号声中，缓缓跟进。步兵、骑兵威武豪迈，装甲车、大炮和坦克车队如钢铁洪流，驶进东交民巷。行驶的车队中，打头的军车车头前悬挂着醒目的标语——"中华民族万岁"。中国军队第一次大踏步开进自《辛丑条约》签订以来便为帝国主义所盘踞的使馆区。这一路入城部队出东交民巷后，再经崇文门内大街、东单、东四、北新桥、太平仓，与另一路从西直门入城的部队会合，再往南经西四、西单、六部口、和平门、骡马市大街，由广安门出城。

1950年底至1951年初，永定门瓮城被拆除，在东、西两侧城墙开辟豁口，城楼、箭楼成为两座孤立的建筑。1957年，永定门城楼、箭楼相继被拆除，永定门从此消失。

20世纪90年代后，中央在对首都城市建设总体规划的批复中，就明确提出首都城市发展要注意保护古都中轴线、皇城、文物建筑、古都格局等。永定门作为明清中轴线的南端起点，其历史价值不言而喻。1999年3月，在政协北京市第九届委员会第二次会议上，北京市社科院研究员王灿炽以北京市政协常委的身份，提交了第0536号提案"重建永定门，完善北京中轴线文物建筑案"。王灿炽认为永定门建成至今已有400多年的历史，明清两朝皇帝往南巡幸等活动都必经此门。1949年北平和平解放，中国人民解放军由永定门入城接受检阅，因而使这座城楼具有了革命历史文物的内涵。永定门被拆除后，使北京城中轴线失去了南端点，也使北京外城失去了一个高大雄伟的标志性建筑，致使北京城历史风貌受损。另外，经过多次实地考察后，王灿炽认为永定门的遗址和护城河水系都还存在，具备复建的基础。经6位委员签名附议，该提案还获得了北京市政协当年的优秀提案奖。

古建筑复建是世界历史文化遗产保护中的焦点问题，历来饱受争议。有反对者认为，复建永定门是修"假古董"，没有多大意义，既然已经拆了，还不如把资金用在真正的文物上；有支持者表示，永定门在中轴线上有重要意义，复建永定门就使中轴线有了完整性。争论旷日持久，莫衷一是。2000年，北京市文物古迹保护委员会委员王世仁、清华大学教授吴良镛、全国历史文化名城保护委员会副主任郑孝燮、中国考古学会会长徐苹芳等专家纷纷呼吁：复建永定门。王世仁和几位专家给北京市文物局写了一封《关于重建永定门的建议书》，其中写道：

> 中轴线体现了中国传统的审美理念，也代表了北京的历史文脉，记载着首都的历史变迁。城市失去历史标志，等于失去了记忆，保护好这条

中轴线，也就是使后人不至于看到一个失去记忆的城市。为此，我建议将永定门重建起来，恢复它作为古都中轴线南端起点的标志功能，将丧失了41%的中轴线重新连接贯通。

为迎接2008年北京奥运会，保护古都风貌，北京市启动连续5年共投入6亿元的"人文奥运文物保护工程"。自2003年起，北京市每年拿出1.2亿元财政专项拨款用于修缮文物建筑，其数额大体相当于国家文物局每年用在全国文物保护上的专项经费。北京市对文物保护的力度空前提高，复建永定门也由此被提上议程，列入"人文奥运文物保护工程"的重点项目，成为北京城中轴线景观整治工程中最重要的一点。永定门复建由北京市文物建筑保护设计所担任设计。在考察永定门城楼的原址过程中，利用了1954年北京市房管局测量队测绘的地形草图和1955年北京市地形图，这成为在原址复建城楼的可靠依据。

此外，喜仁龙1924年出版的《北京的城墙和城门》一书载录了永定门的实测图纸和部分历史照片，较准确地反映了永定门经清代重建后的面貌。在方案设计中，城楼的控制尺寸按该书图纸和文字记录确定；对于缺少尺寸记载的部分，则按照片所示的比例关系推敲确定；建筑细部的处理，参照现存的时代相近的同类建筑实例和清代建筑工程惯用手法进行设计。进入初步设计阶段后，建筑各部尺寸、做法，又根据中国文物研究所（今中国文化遗产研究院）所藏资料做了进一步的修正。

2004年3月10日，永定门复建工程终于正式开工。8月18日，永定门城楼大脊最后一块瓦"合龙"。2005年9月，一座崭新的永定门城楼正式亮相于北京中轴线的南端。城台东西长31.41米，南北宽16.96米，高8米，城楼总高26.04米，为歇山式三滴水原样式，古朴典雅。北京市仿照乾隆年间式样，根据民国时期的测绘资料，在原位置按原形制、原尺寸、原工艺复建了永定门城楼。城楼造型及细部设计以充分尊重历史真实为基本原则，一概保持历史原貌。针对古建筑结构弱点，设计在隐蔽部位增加了必要的加固措施。同时，为满足现代使用功能方面的要求，在城台城楼以外的部分，安排了管理用房；在城楼和其他部分，设置了照明、供暖、给水、卫生、排雨排污等设施。

在复建永定门城楼时，北京南中轴路两边杂乱的平房通过腾退工程进行了拆改，露出了古老的天坛西墙和先农坛东墙。永定门至先农坛东门的道路被改造成街心公园，绿树成荫，四周空旷。城楼南边的"燕墩"周边杂乱的民居被拆除，其与永定门城楼、天坛祈年殿和先农坛的太岁殿等建筑群遥相辉映，更为南中轴增添了神韵。

2003年12月，北京市规划委编制完成《北京中轴线城市设计方案》，首次将中轴线向南延伸到南苑。在筹办

2008年奥运会的过程中，北京进行了大规模的城市改造工程，南中轴路的修建也是得益于此。2009年11月，北京市在《促进城市南部地区加快发展行动计划》中明确指出将构建"一轴一带多园区"的产业发展格局，要充分发挥南中轴对北京城南发展的引领与带动作用。为积极推进南中轴的保护与发展，2011年在原南苑园址南部建设南海子公园，为城南地区的进一步发展创造基础条件。同时，复建团河行宫，修缮德寿寺，南苑的生态逐步修复，文化脉络逐步梳理，各项功能逐步回归，综合历史价值开始复兴，在中轴线上的节点地位逐渐显现并强化。

2017年9月公布的《北京城市总体规划（2016年—2035年）》提出，构建"一核一主一副、两轴多点一区"的城市空间结构。其中，纵贯南北的中轴线与横贯东西的长安街及其延长线构成"两轴"，被纳入新一轮的城市空间布局调整与功能优化过程中。南中轴一头连接北京旧城中心，一头指向新机场，构成了南部地区的主动脉。这种格局使得南中轴不仅承载着北京城市南部的未来发展目标，而且担负着缓解北京"大城市病"、带动南北均衡发展的重任，更与未来京津冀协同发展和雄安新区国家战略高度协调一致。未来，南中轴一带可以建成承载北京新国门的高端功能区，进而带动周边地区的产业升级，成为非常具有潜力的经济板块。

北京南部地区紧邻首都核心区，居于城市副中心和雄安新区之间，是"一核两翼"的腹地，具有得天独厚的区位优势。同时，南部地区还保留着连片成规模的土地资源，具有明显的空间优势。两种优势的叠加使其可以成为承接北京非首都核心功能与人口疏解的优先选项。继2010—2012年、2013—2015年两个阶段的城南发展行动计划后，2018年7月，北京市委常委会审议了《促进城市南部地区加快发展行动计划（2018—2020年）》，计划逐步将城市南部地区建设成为首都功能梯度转移的承接区、高质量发展的试验区、和谐宜居的示范区。新一轮的城南发展计划已经呼之欲出、蓄势待发，北京南部地区将迎来历史性发展的时机。

中轴线申遗,需要讲好传统中国的三种故事

(代后记)

每当晨光出现,钟鼓楼畔荡起清亮的鸽哨响,永定门、正阳门、天安门、故宫、景山……从空中俯瞰,中轴线的轮廓逐渐浮现,气势恢宏,壮美有序。梁思成在《北京——都市计划中的无比杰作》一文中描述北京中轴线:"这样有气魄的建筑总布局,以这样的规模来处理空间,世界上没有第二个!"

中轴线是构建明清北京城营造体系的基准线,是传统中国政治与礼制传统的物质承载体,是展示古老东方文明演进轨迹的一部活化教科书,是北京老城的灵魂和脊梁。北京中轴线集中展现了13世纪至今中华文明在城市规划建设上的伟大创造与杰出才能,突出地展现了中国传统时空观、宇宙观,承载了辨方正位、天人合一、以中为尊、礼乐交融等中国传统哲学思想与礼仪文化,体现了中国人对以秩序为特征的理想社会治理方式的追求。

中轴线是有形和无形的有机结合，有形的建筑背后是无形的精神价值。学界对其历史脉络、思想内涵与文化价值已经进行了深度挖掘与全面解读。当中轴线申遗进入关键期，需要对申遗主题进行更加精准的提炼与更加鲜明的阐释，讲好中国故事，使中轴线形象及其文化价值在世界范围内得到更加广泛的传播与理解。

讲好政治文化

中轴线上的皇家宫殿建筑群、礼制建筑群、坛庙建筑群，不仅具有各自的实用功能，而且也被赋予"意义"，具有意识形态色彩，其中凝结的"中""正""和"的传统价值观与政治伦理观都需要进行具象讲述。

历代建都，必选"天下之中而筑之"。我们姑且不论当时古人所筑的国都是否符合天下之中的标准，但这一命题为历朝所遵循，作为历代帝王统治天下的象征。纵观历史，各个朝代定都的地点均有所不同，但有一点都是相同的，即他们都认为自己的都城是天下的中心即大地的中心。"中"既代表"中央"，又代表"中正"，强调的是公平和正义。儒家的经典释义是"中者，不偏不倚"。《中庸》说："中也者，天下之大本也。"《吕氏春秋·慎势》有言："古之王者，择天下之中而立国，择国之中而立宫，择宫之中而立庙。"求地中，建都城，被历代统治者奉为圭臬。

都城北京的设计与营造灵魂突出一个"中"字,中轴线就是其重要表现。它不仅是规划者们遵循的城市营建的基准线,而且包含了儒家学说的"中庸之道""居中不偏""不正不威"等理念。在都城建设规划方面,中国人很早就确立了"建中立极""择中立国"的传统,选择中正之位建筑国都。经天而纬地,天圆而地方,通过测量日影的方法确立"地中",确立皇城的中心点,然后在四周划定畿辅之区。以"中正"为原则,北京城代表了中国古代都城中轴线规划的极致。明清时期分别在北京城外南、北、西、东四面分设天、地、日、月四坛,并与高大的城墙城楼一起,呼应皇宫,拱卫皇宫,进一步确立了紫禁城的"中央"位置,凸显了皇权的至尊。中轴线的存在,犹如一个人的脊梁,既显示出"天子"地位的至高无上,又把北京城统领成了一个不可分割的整体。

中国的文化传统中始终贯穿"贵正"的意识,摒弃"歪门邪道","中"与"正"紧密联系。在古人眼里,地理方位上的"中正",与政权的合法性、制度的合理性是合一的。元、明、清三代定都北京,都强调北京作为"天下之中"的地位,以此确立政权的合法性依据,如蒙古贵族霸突鲁对忽必烈说:"幽燕之地,龙蟠虎踞,形势雄伟,南控江淮,北连朔漠。且天子必居中以受四方朝觐。大王果欲经营天下,驻跸之所,非燕不可。"另一方面,明代建北京城,南面正门原称丽正门,后名为正阳门,二者都突出一个"正"字。在行事过程中,"正"被视为必须遵循的道德准则与指南,被赋予了鲜明的价值导向。

"正"不仅是一个方位概念,还具有意识形态的功能。《周礼·地官司徒》说:"惟王建国,辨方正位,体国经野……以求地中……旧至之影,尺有五寸,谓之地中,天地之所合也,四时之所交也,风雨之所会也,阴阳之所和也,然则百物阜安,乃建王国焉。"在北京城数百年来的营建过程中,历朝皇室则通过确立一种关于"正"的空间关系来建立秩序与等级。中轴线上建筑的正门很多都不涉及实际的使用功能,而是让"中央"以直接的方式呈现,造成视觉上的强烈压迫感。紫禁城的中轴,展示皇权的高度集中。位于轴线上的大清门、天安门、紫禁城三大殿、皇帝的宝座等,构成一条纵向线索,联系并统摄所有其他附属空间。端坐在太和殿龙椅上的皇帝面南背北,俯视着眼前的一切,不仅占据物理空间的中心,更是国家权力的中心。当大臣上朝或面见最高统治者时,一般的行进路线都要经过这条轴线,一步一步向最高等级的建筑——太和殿接近。这个行进的过程,如同一个仪式,是对国家政治权威的塑造与认同过程。政权的正统性、合法性以及宗法礼制都在这套仪式中得到实现。

中国传统文化的精髓,还追求一个"和"字,强调向心力和凝聚力,也是一种理想境界。"尚中贵和"是中华民族的优秀文化传统和理想境界。"和",《说文》解释口

"相应也"。《广雅》称和为"谐也",为和谐、协调之义。《吕氏春秋·察传》用音乐来说明"和"的作用,称:"夫乐,天地之精也,得失之节也。故唯圣人为能和,乐之本也。"音乐体现了天地之精华,天地的精华就是"和"。"和"是音乐的根本。和谐的音乐,不仅悦耳动听,还能使天下安定。贯穿中轴线的有城门、道路、桥梁,有宫殿、坛庙,有皇宫、民居,有苑囿、市集,风格不一,功能各异。但就其客观效果而言,中轴线就在于呈现一种连贯的节奏与韵律,和谐有序、浑然一体。

"中"与"和"也有严谨的逻辑关系:"中也者,天下之大本也;和也者,天下之大道也。致中和,天地位焉,万物育焉。""和",是指天地万物都能保持其自然规律和谐地运行,是宇宙与生命的美好境界。"君子和而不同""礼之用,和为贵"。天、地、人,阴阳交错、矛盾至极,而又能融合于一个相对稳定的体系之中,这是终极理想。

梁思成先生在《北京——都市计划中的无比杰作》一文中写道:

> ……因为北京是一个先有计划然后建造的城(当然,计划所实现的都曾经因各时代的需要屡次修正,而不断地发展)。它所特具的优点主要就在它那具有计划性的城市的整体。那宏伟而庄严的

布局，在处理空间和分配重点上创造出卓越的风格，同时也安排了合理而有秩序的街道系统，而不仅在它内部许多个别建筑物的丰富的历史意义与艺术的表现。所以我们首先必须认识到北京城部署骨干的卓越，北京建筑的整个体系是全世界保存得最完好，而且继续有传统的活力的、最特殊、最珍贵的艺术杰作。

紫禁城中不少建筑的取名，使用了"和"字。三大殿，明嘉靖朝命名为皇极殿、中极殿、建极殿。清初重建，改名曰太和、中和、保和，体现了统治者渴望以"和"为贵、长"和"不衰的目标追求。太和、保和，出自《周易·乾卦》："大哉乾元，万物资始，乃统天。云行雨施，品物流形。大明始终，六位时成。时乘六龙以御天。乾道变化，各正性命。保合太和，乃利贞。首出庶物，万国咸宁。"古人认为，只有保持和谐的规律，万物才能长存永固，天下安宁的局面才会出现。中和，出自《中庸》："喜怒哀乐之未发，谓之中；发而皆中节，谓之和。"太和与保和是讲宇宙生成万物和万物和谐相处的条件与环境，中和则是讲人性的修养，应率真本性，没有扭曲、非常自然。中和是情绪的原始状态，不杂含任何好恶成分。保持内心的中和，就可以臻至大道，化育万物。

此外还有太和殿前庭院通向东华、西华的两门，清代改为协和门、熙和门等。统治者认为理想的社会应是君惠臣忠，国泰民安，只有内部和谐，才能江山永固。

讲好制度文化

中轴线首先是一种物质存在，但通过特定的建筑规制与空间布局，将传统中国的制度文化蕴含其中，首先即体现为"礼"制。"礼"制在中国传统社会中占据着重要地位。《说文解字》曰"礼，履也，所以事神致福也"。《左传》曰"贵贱无序，何以为国"。《乐记》称："礼者，天地之序也。"一般来说，"礼"包含两个方面的内容，一方面是对皇权、对君王政治行为的指导与制约；另一方面也是个人举止的标准、制定仁义道德的规范与确定等级秩序的依据。"贵贱有等，亲疏之体谓之礼。"随着封建等级制度的不断强化，"礼"逐渐成为决定人伦关系、明辨是非的标准，是最高的行事准则。

北京中轴线是中国传统文化孕育出来的，是中国人文智慧的结晶，是中国传统礼制文化的物质表现与外在象征，也是中国文化对世界文明的重大贡献。因而，中轴线上坐落于不同方位的建筑具有不同的功能，受到政治制度以及与之匹配的社会意识的制约。作为皇宫的紫禁城位居轴线中心，两侧分布有文华殿、武英殿，太庙、社稷坛分列宫前左右，显示族权和神权对皇权的拱卫。位于天安门前两侧的"六部衙署"，表现出中央集权的国家统治方式。

钟鼓楼不仅是决定百姓日常生活的时间标尺，而且表示着世上的凡人与天上的仙人之间的交流沟通，是将"天"的秩序投射到人间作为范本。

中轴线不仅表现皇权的无上地位，还从建筑规模、体量、色彩等方面强化这一特征。《荀子》有"故为之雕琢刻镂，黼黻文章，使足以辨贵贱而已，不足为观"。在中轴线上，不同功能的建筑对应不同的尺度、方位和装饰，建筑成为政治等级与伦理意识的载体，尤其是辨尊卑、辨贵贱的功能被凸显。以紫禁城为例，外朝的太和、中和、保和三大殿与内朝的乾清宫、交泰殿、坤宁宫的关系体现为"前朝后寝"的礼制。中国古代建筑的屋顶样式之丰富、屋顶建筑风格之多样，分为庑殿顶、悬山顶和硬山顶、歇山顶、攒尖顶等九个等级，其中，重檐庑殿顶等级最高。紫禁城建筑的屋顶式样整体看大都是由黄色琉璃瓦覆盖，可细看每一座单体建筑，由于使用者身份和地位等级的不同，屋顶式样也是有很大区别的。太和殿采用中国古建筑最高制式的重檐庑殿顶；中和殿采用单檐攒尖的屋顶；保和殿采用重檐歇山顶的形式。而后三宫和其他殿庭，居于从属地位，布置紧凑，密度也更大，进一步突出了外朝的尊严。可见，中国古代传统礼文化所蕴含的封建等级制度，即使在皇家也是有明显区分的。

另外，从建筑台基品级细节上，同样可以看到一种政治上的品级差序。如太和、中和、保和三大殿前后排列在一个巨大的三层汉白玉石台基上。据清朝明文规定"公侯以下，三品以上房屋台基高二尺，四品以下至士，民房屋台基高一尺"。类似的等级差别在紫禁城中随处可见，如开间的多少，台基的层数和高度，屋脊走兽的数目，室内装修的繁简，直至室外建筑小品的陈设上，都可反映建筑规制，实质上渗透出的是人伦等级观念。

再从建筑色彩、细部装饰配件品看，太和殿建筑斗拱形制为明清最高等级的镏金斗拱，又有上下檐的区分，上檐为单翘三昂镏金斗拱形制，下檐为单翘重昂镏金斗拱形制，建筑等级越高，斗拱的工艺水平越复杂。色彩方面，平民房屋只能是粉墙黛瓦，紫禁城建筑屋顶则为黄色琉璃瓦，象征富贵，宫墙和宫殿前的柱子采用等级次之的红色，汉白玉石台基和青绿基调的镏金彩画。根据五行学说，中国的色彩等级从高到低依次是黄、赤、绿、青、蓝、黑、灰，通过色彩运用，体现等级森严。封建社会，等级分明，紫禁城中的一砖一瓦、雕刻图案和花纹等，都是等级贵贱的象征。

北京中轴线的形成也是中国深厚传统文化与华北地区自然环境相互结合的产物。侯仁之曾论述说，元朝设计大都城以"中心台"为起点，即今天的钟鼓楼所在，向南紧傍什刹海东岸，即今天的万宁桥，自此一直向南延伸。明朝改大都为北京城，收缩北区，扩建南城，新建钟鼓楼，其地原来是全城集市的中心，收缩北墙、扩展南墙之后，新筑景山，作为新城中心的标志。中心既向南移，新建的紫禁城也向南移。南移的结果才能开挖护城河，原来元大都的宫城大内并无护城河，因为它的西墙紧贴着北海东岸，没有办法开挖护城河。明朝加筑护城河十分重要，便于从紫禁城的西北隅引水进入紫禁城，然后从东南角流出。这是一个非常重要的设计。后来又在北京城南兴建天坛、山川坛（后来的先农坛），又在城南加筑北京外城，中轴线一直向南延伸。如果以钟鼓楼作为起点，自北而南，这在传统文化上是十分重要的问题。为什么要自北而南？中轴线为何向南延伸？这一系列问题与黄河流域的自然环境有密切的关系。冬季天气寒冷，而且常刮北风，因此房室的建筑不开北门，只开北窗，有的地方甚至连北窗都不开。门向南，窗向南，冬季很低的太阳光可以直射进入房屋内部。为适应自然条件，所以建筑一直面向正南。民间建筑如此，宫殿建筑更是如此。北京城典型的四合院，正房面向正南，东西两面厢房，庭院在正房的前面。紫禁城宫殿当中大殿一律面向正南。从自然因素的影响，逐渐产生意识形态上的观念——"面南而王"。统治者一定要面向正南统治天下。

　　早在先秦时代，中国的城市营造就已经充分考虑到自然地理的因素了。《管子·乘马》有言："凡立国都，非于大山之下，必于广川之上。高毋近旱而水用足，下毋近水而沟防省。"元人熊梦祥在《析津志辑佚》中写道："自古建邦立国，先取地理之形势，先王脉络，以成大业。"元代对河湖水系的导引和宫殿市区的规划是紧密结合在一起的，元大都以中轴线进行城市设计固然有着深厚的文化与历史传统，然而凭借地利与水路对传统的城市中轴进行改造，可以说是北京中轴线的首创。

北京中轴线不仅是一套完整的建筑体系，同时也是一个完整的礼制体系。主次分明，脉络清晰，布局严谨，整齐划一，在精神意识层面表现的是政权的合法性存在。最高统治者通过这种空间安排，渲染统治王朝的实力与威严，彰显皇权的至尊与永恒。

讲好审美文化

北京中轴线不仅是展示传统中国政治文化与制度文化的物质载体，同时也蕴含着丰厚的审美元素，它是在中华文明秩序和美学观念基础上发展起来的杰出范例，体现了东方审美意象的最高追求。中轴线上是金碧辉煌、雕栏玉砌的紫禁城、正阳门、钟鼓楼；中轴线两侧，是青砖灰瓦的四合院民居；城市周围是高大巍峨的城墙，勾勒出雄伟壮阔的城市天际线。中轴线上汇聚了五朝古都中最具价值的众多代表性文物建筑，是文化遗产的宝库，是城市中动态发展的遗产，具有持久的鲜活性与旺盛的生命力，是世界城市建设史上的奇迹。都城的营建不仅是一个城市构建秩序的过程，更是国家秩序的表征。北京中轴线连贯起来的建筑群，从规模、形式、布局到装饰细节，无不是对这种基于中华文明传统观念的秩序进行的极致表达。

中国传统文化讲究"人""天"相通，"夫大人者，与天地合其德，与日月合其明，与四时合其序"。天地、日月、四时都是依照特定的规律变化。中轴线贯穿城市南北，串联着外城、内城、皇城和宫城，将宫殿、园林、庙宇、城墙、城门等以连续的方式组织在一起，有节奏地互相穿插、连接与呼应，构建了一个疏密相间、高低起伏、韵律隽永的视线走廊，有着音乐般的韵律之美，犹如一曲波澜起伏的乐章，展示了高超的营造技艺与艺术神韵，是传统中国审美文化的一座高峰。只有连续而完整地审视过它，才能体会到建筑空间构成所体现出的匠意之美。

从纵向上看，中轴线以外城最南的永定门为开端，沿平坦开阔的永定门外大街，向北以天坛和先农坛两组建筑群为序曲，大街周边低矮平缓的民居和商铺衬托出正阳门的壮丽雄奇。以紫禁城为核心，以"奇峰突起"的景山作为衬托，又有西苑"三海"相拥，向北是地安门，以鼓楼、钟楼为终端，形成了总体平缓开阔、纵横捭阖的城市天际轮廓线。钟鼓楼之美，不仅在于建筑本体，还在于周边平缓开阔的天际线。在以大片青灰色房屋为基调的整体色调的衬托下，鼓楼、钟楼高耸的楼阁和雄大的基座与周边环境相互烘托、相互强化，共同构成了空间主次分明、别具特色的老城风貌。

从横向上看，中轴线以大片民居街巷为依托，以平直密集的棋盘式街道为空间划分依据，使得整体建筑色彩丰富生动，金砖碧瓦、玉柱丹扉、绿树灰墙交相辉映，宛如天然图画。王府、衙署、寺观、坛庙、市集汇集，皇家建筑红墙金顶彰显的尊贵气势与周边青砖灰瓦、绿树笼罩的安谧气氛形成强烈的对比，张弛有度、虚实结合。梁思成在《祖国的建筑》中对北京中轴线所展示出的特有的节奏与韵律进行了非常形象的描绘：

> 中国的建筑设计，和中国的画卷，特别是很长的手卷很相像：用一步步发展的手法，把你由开头领到一个最高峰，然后再慢慢地收尾，比较的有层次，而且趣味深长。北京城这条中轴线把你由永定门领到了前门和五牌楼，是一个高峰。过桥入城，到了中华门，远望天安门，一长条白石板的"天街"，止在天安门前五道桥前，又是一个高峰。然后进入皇城，过端门到达了午门前面的广场。到了这里就到了又一个高峰……进入午门又是广场，隔着金水河白石桥就望见了太和门。这里是另一个高峰的序幕。过了太和门就到达一个最高峰——太和殿。这可以说是这幅长"手卷"的中心部分。由此向北过了乾清宫逐渐收场，到钦安殿、神武门和景山而渐近结束。在鼓楼和钟

楼的尾声中,就是"画卷"的终了。①

中轴线虽然遵循严格的等级制度与礼制规范,但又呈现出规则性与自由性、人工与天趣的内在统一。虽然在整体上庄严凝重,但是并不僵硬,在某些区域甚至可以展示出自由灵动,其中最主要的表现就是水系与园林。元大都的规划设计最初基于大都城内湖泊的自然分布,以浩瀚的水面作为新城的中心,奠定了中轴线的基础。明初营建北京城的过程中,完成了北海、中海、南海的布局,疏通多条河道、湖泊穿越中轴线,同时利用开凿紫禁城护城河挖掘的泥土堆筑景山,是传统中国对于都城的理想图式与北京自然环境的有机结合,表现出一种人与自然的亲和感。

北京中轴线是中国都城中轴线设计的顶峰,在整体空间序列的节奏变化、空间尺度的把握、政治氛围的营造等方面都达到了最高标准,展示着数百年间大国匠师们的卓越成就。正如梁思成在《北京——都市计划中的无比杰作》一文中描述的那样:"北京独有的壮美秩序就由这条中轴的建立而产生,前后起伏左右对称的体形或空间分配都是以这中轴为依据的气魄之雄伟。"

北京中轴线的价值不应该局限于一条孤立的"线",

---

① 乔继堂编选:《中国二十世纪散文精品·梁思成·林徽因卷》,太白文艺出版社,1996年,第112—113页。

我们应将其置于一个庞大的时空关系中予以考察，将其视为一条丰富的、有多层文化意蕴的、呈现出带状分布的文化系统。在这个文化系统内，既有古代皇家文化占主导地位的钟楼、鼓楼、景山、紫禁城、天坛、先农坛与永定门等，也有代表宗教文化的碧霞元君庙、火德真君庙和广福观等，还有包括前三海、后三海与大运河在内的水利文化，以及人民群众长期以来形成的市井文化、胡同文化、非遗文化……中轴线申遗工作的核心不应只是对历史遗产的纪念，还应将"古为今用"与"洋为中用"结合，将城市的昨天、今天以及明天串联起来。

中轴线申遗工作是一项系统工程，需要考虑方方面面的细节，准确把握东西方文化在一些重要问题上的思维差异，因此更加考验我们讲好中国故事的能力。总体而言，在申遗过程中，需要讲究话语体系的转变，关注"他者"视角，注重形象转化，把中轴线蕴含的传统中国的政治文化、制度文化、审美文化讲清楚、讲充分，使其成为展示古老东方文明的一个活态样本。只有如此，它的文化遗产价值才能真正被世界理解、接受与欣赏。①

---

① 本书即将付梓之际，好消息接连传出：2024年5月30日，国际古迹遗址理事会形成评估报告，作出将"北京中轴线"直接列入《世界遗产名录》的最高评估结论；2024年7月27日，在印度新德里召开的联合国教科文组织第46届世界遗产大会通过决议，将"北京中轴线——中国理想都城秩序的杰作"列入《世界遗产名录》。——作者注